汽修工案头必备书系 机电维修

汽车常见故障诊断与排除速查手册

主编 邱新生 刘国纯
参编 谢文科 黎文武 顾张伟

机械工业出版社

本书主要围绕汽油发动机、自动/手动变速器、汽车底盘、车身电器系统、空调系统、油电混合动力汽车和纯电动汽车的常见故障进行编写。发动机部分以点火系统、燃油系统、配气机构和电控系统等的故障诊断为主，阐述了故障现象、故障原因、诊断和排除方法。底盘部分涵盖了传统的机械底盘和现代的电子控制底盘，包括自动变速器、防抱死制动系统（ABS）和电子控制悬架以及底盘异响故障诊断等。电器部分包括电源、灯光信号、电动门窗、中控防盗、安全气囊以及汽车空调等的故障现象、故障原因和诊断排除方法。油电混合动力汽车和纯电动汽车部分包括驱动系统、高压蓄电池、高压电控、充电系统的故障现象、故障原因和诊断排除方法。

本书适合汽车使用、维修、检测和管理等行业的有关人员学习参考，也可作为大专院校汽车相关专业师生的参考用书。

图书在版编目（CIP）数据

汽车常见故障诊断与排除速查手册/邱新生，刘国纯主编. —北京：机械工业出版社，2022.6（2024.12重印）

（汽修工案头必备书系）

ISBN 978-7-111-70826-1

Ⅰ.①汽… Ⅱ.①邱…②刘… Ⅲ.①汽车-故障诊断-手册②汽车-故障修复-手册 Ⅳ.①U472.42-62

中国版本图书馆 CIP 数据核字（2022）第 086474 号

机械工业出版社（北京市百万庄大街22号 邮政编码100037）
策划编辑：母云红 责任编辑：李 军 王 婕
责任校对：潘 蕊 李 婷 封面设计：马精明
责任印制：单爱军
北京虎彩文化传播有限公司印刷
2024年12月第1版第2次印刷
184mm×260mm・11印张・261千字
标准书号：ISBN 978-7-111-70826-1
定价：79.00元

电话服务 网络服务
客服电话：010-88361066 机 工 官 网：www.cmpbook.com
　　　　　010-88379833 机 工 官 博：weibo.com/cmp1952
　　　　　010-68326294 金 书 网：www.golden-book.com
封底无防伪标均为盗版 机工教育服务网：www.cmpedu.com

前 言 / PREFACE

　　汽车是人们出行的重要交通工具，近年来汽车工业进入了快速发展阶段。目前，我国生产的汽车质量可靠、技术先进、性能优良、外形美观、乘坐舒适、行驶安全，具有功率大、耗油低、污染小、寿命长、故障少、操作简单等特点，深受广大用户的青睐。

　　汽车在使用过程中难免会出现故障，本书的目的就是帮助汽车维修人员及时、准确、迅速地根据故障现象诊断出故障的原因和部位，并给予有效排除。

　　本书依据汽车维修实践经验，结合现代汽车故障诊断与维修的特点和发展趋势，将汽车故障诊断技术整理成册，由简到难，重点介绍了现代汽车各系统的故障诊断与排除技术，并适当加入了拓展知识；同时增加了汽车故障案例分析，以提高实际故障诊断技能。

　　本书含有典型实例，这些实例具有普遍性和实用性，读者可从中掌握传统汽油车、油电混合动力汽车和纯电动汽车等车型的故障诊断与排除方法。

　　由于编者水平有限，书中疏漏之处在所难免，敬请读者批评指正。

编　者

资源说明页

本书附赠全套《汽车机电维修从入门到精通》讲解视频,内含 30 个微课视频,总时长 352 分钟。

获取方式:

1. 微信扫码(封底"刮刮卡"处),关注"天工讲堂"公众号。

2. 选择"我的"—"使用",跳出"兑换码"输入页面。

3. 刮开封底处的"刮刮卡"获得"兑换码"。

4. 输入"兑换码"和"验证码",点击"使用"。

通过以上步骤,您的微信账号就可以免费观看全套课程啦~

首次兑换后,微信扫描本页的"课程空间码"即可直接跳转到课程空间。

《汽车机电维修从入门到精通》

课程空间码

目录 / CONTENTS

前 言

第一章 汽油发动机故障诊断与排除 ……………………………………………… 1

一、点火系统故障诊断与排除 ………………………………………………… 1
 （一）点火线圈故障诊断与排除 ………………………………………… 1
 （二）火花塞故障诊断与排除 …………………………………………… 2

二、起动系统故障诊断与排除 ………………………………………………… 3
 （一）起动机运转无力故障诊断 ………………………………………… 3
 （二）起动机空转故障诊断 ……………………………………………… 4
 （三）起动机异响不能带动发动机运转故障诊断 ……………………… 4
 （四）起动机不运转故障诊断 …………………………………………… 5
 （五）起动机单向离合器不回位故障诊断 ……………………………… 5
 （六）起动机齿轮和飞轮齿圈啮合不上故障诊断 ……………………… 6

三、冷却系统故障诊断与排除 ………………………………………………… 7
 （一）冷却液温度传感器故障诊断与排除 ……………………………… 7
 （二）节温器故障诊断与排除 …………………………………………… 7
 （三）散热风扇故障诊断与排除 ………………………………………… 8
 （四）发动机冷却液温度过高故障诊断与排除 ………………………… 9
 （五）发动机冷却液温度过低故障诊断与排除 ………………………… 10

四、润滑系统故障诊断与排除 ………………………………………………… 10
 （一）机油压力传感器故障诊断与排除 ………………………………… 10
 （二）机油滤清器故障诊断与排除 ……………………………………… 11
 （三）机油泵故障诊断与排除 …………………………………………… 11
 （四）机油消耗过快故障诊断与排除 …………………………………… 11
 （五）机油压力过低故障诊断与排除 …………………………………… 12
 （六）机油压力过高故障诊断与排除 …………………………………… 14

五、燃油系统故障诊断与排除 ………………………………………………… 15
 （一）燃油泵故障诊断与排除 …………………………………………… 15

（二）燃油压力传感器故障诊断与排除 ………………………………………… 16
　　（三）喷油器故障诊断与排除 …………………………………………………… 17
　　（四）活性炭罐电磁阀故障诊断与排除 ………………………………………… 17
　　（五）燃油压力过低故障诊断与排除 …………………………………………… 19
　　（六）燃油压力调节阀故障诊断与排除 ………………………………………… 19
六、排气系统故障诊断与排除 …………………………………………………………… 20
　　（一）三元催化转化器堵塞故障诊断与排除 …………………………………… 20
　　（二）排气再循环阀故障诊断与排除 …………………………………………… 21
　　（三）涡轮增压器故障诊断与排除 ……………………………………………… 22
　　（四）涡轮增压传感器故障诊断与排除 ………………………………………… 24
　　（五）涡轮增压压力限制电磁阀故障诊断与排除 ……………………………… 24
　　（六）涡轮增压器循环空气阀故障诊断与排除 ………………………………… 25
　　（七）排气管漏气故障诊断与排除 ……………………………………………… 26
　　（八）进气管回火故障诊断与排除 ……………………………………………… 26
　　（九）排气管"放炮"故障诊断与排除 ………………………………………… 27
七、配气机构故障诊断与排除 …………………………………………………………… 27
　　（一）凸轮轴故障诊断与排除 …………………………………………………… 27
　　（二）气门故障诊断与排除 ……………………………………………………… 28
　　（三）发动机正时故障诊断与排除 ……………………………………………… 30
　　（四）进气歧管故障诊断与排除 ………………………………………………… 31
八、曲柄连杆机构故障诊断与排除 ……………………………………………………… 31
　　（一）气缸压力故障诊断与排除 ………………………………………………… 31
　　（二）气缸垫故障诊断与排除 …………………………………………………… 33
　　（三）活塞环故障诊断与排除 …………………………………………………… 33
九、发动机电控系统故障诊断与排除 …………………………………………………… 34
　　（一）节气门故障诊断与排除 …………………………………………………… 34
　　（二）进气压力传感器故障诊断与排除 ………………………………………… 35
　　（三）空气流量计故障诊断与排除 ……………………………………………… 36
　　（四）冷却液温度传感器故障诊断与排除 ……………………………………… 37
　　（五）凸轮轴调节阀故障诊断与排除 …………………………………………… 37
　　（六）凸轮轴位置传感器故障诊断与排除 ……………………………………… 38
　　（七）曲轴位置传感器故障诊断与排除 ………………………………………… 39
　　（八）爆燃传感器故障诊断与排除 ……………………………………………… 39
　　（九）发动机控制单元故障诊断与排除 ………………………………………… 40
　　（十）发动机怠速抖动故障诊断与排除 ………………………………………… 40
　　（十一）发动机动力不足、加速无力故障诊断与排除 ………………………… 42
　　（十二）发动机冷车起动困难故障诊断与排除 ………………………………… 44
　　（十三）发动机冷车起动正常，热车起动困难故障诊断与排除 ……………… 46

（十四）发动机怠速过高故障诊断与排除 …………………………………… 47

（十五）发动机怠速过低故障诊断与排除 …………………………………… 48

第二章　自动变速器故障诊断与排除 …………………………………………… 51

一、自动变速器常规检查 …………………………………………………………… 51

（一）自动变速器油液检查 …………………………………………………… 51

（二）自动变速器时滞试验 …………………………………………………… 52

（三）自动变速器失速试验 …………………………………………………… 52

二、自动变速器常见故障诊断与排除 …………………………………………… 54

（一）自动变速器打滑故障诊断与排除 ……………………………………… 54

（二）自动变速器换档冲击过大故障诊断与排除 …………………………… 55

（三）自动变速器升档过迟故障诊断与排除 ………………………………… 56

（四）自动变速器不能升档故障诊断与排除 ………………………………… 57

（五）汽车不能行驶故障诊断与排除 ………………………………………… 57

（六）前进档不能行驶故障诊断与排除 ……………………………………… 58

（七）倒档不能行驶故障诊断与排除 ………………………………………… 60

（八）自动变速器跳档故障诊断与排除 ……………………………………… 60

（九）自动变速器液力变矩器离合器无锁止故障诊断与排除 ……………… 61

（十）自动变速器无发动机制动故障诊断与排除 …………………………… 62

（十一）自动变速器无超速档故障诊断与排除 ……………………………… 62

（十二）自动变速器异响故障诊断与排除 …………………………………… 64

（十三）自动变速器油易变质故障诊断与排除 ……………………………… 64

第三章　手动变速器故障诊断与排除 …………………………………………… 66

一、变速器故障诊断与排除 ………………………………………………………… 66

（一）手动变速器脱档故障诊断与排除 ……………………………………… 66

（二）手动变速器乱档故障诊断与排除 ……………………………………… 67

（三）手动变速器挂档困难故障诊断与排除 ………………………………… 67

（四）手动变速器异响故障诊断与排除 ……………………………………… 68

（五）手动变速器漏油故障诊断与排除 ……………………………………… 68

二、离合器故障诊断与排除 ………………………………………………………… 69

（一）离合器打滑故障诊断与排除 …………………………………………… 69

（二）离合器分离不彻底故障诊断与排除 …………………………………… 70

（三）起步发抖故障诊断与排除 ……………………………………………… 70

（四）离合器异响故障诊断与排除 …………………………………………… 71

第四章　汽车底盘故障诊断与排除 ……………………………………………… 72

一、制动系统故障诊断与排除 ……………………………………………………… 72

（一）制动效能不良故障诊断与排除 …… 72
（二）制动抖动故障诊断与排除 …… 73
（三）制动不灵故障诊断与排除 …… 73
（四）制动拖滞故障诊断与排除 …… 75
（五）制动无力故障诊断与排除 …… 76
（六）ABS警告灯长亮故障诊断与排除 …… 77
（七）制动跑偏故障诊断与排除 …… 78
（八）真空助力器漏气故障诊断与排除 …… 78
（九）制动时踏板行程过长故障诊断与排除 …… 79

二、转向系统故障诊断与排除 …… 80
（一）转向沉重故障诊断与排除 …… 80
（二）汽车跑偏故障诊断与排除 …… 80
（三）方向盘自由行程过大故障诊断与排除 …… 81
（四）高速行驶时方向盘摆振故障诊断与排除 …… 81
（五）液压动力转向系统方向盘回正不良故障诊断与排除 …… 82
（六）向左和向右的转向力不均故障诊断与排除 …… 83
（七）低速摆头故障诊断与排除 …… 83
（八）高速摆头故障诊断与排除 …… 84
（九）单边转向沉重故障诊断与排除 …… 85
（十）快速打方向时转向沉重故障诊断与排除 …… 85
（十一）转向泵或整个转向系统有异响故障诊断与排除 …… 86
（十二）方向盘回正性能差故障诊断与排除 …… 87
（十三）动力转向液产生乳状泡沫故障诊断与排除 …… 88

三、行驶系统故障诊断与排除 …… 89
（一）汽车行驶跑偏故障诊断与排除 …… 89
（二）轮胎异常磨损故障诊断与排除 …… 89
（三）车辆行驶时振动过大故障诊断与排除 …… 92
（四）传动轴不平衡、发响故障诊断与排除 …… 92
（五）驱动桥过热故障诊断与排除 …… 93

四、悬架系统故障诊断与排除 …… 94
（一）独立悬架的常见故障诊断与排除 …… 94
（二）轮毂轴承异响故障诊断与排除 …… 95
（三）前减振器异响故障诊断与排除 …… 97
（四）前悬架下摆臂故障诊断与排除 …… 98
（五）转向机拉杆球头故障诊断与排除 …… 98

第五章 车身电器系统故障诊断与排除 …… 100

一、电源系统故障诊断与排除 …… 100

（一）发电机故障诊断与排除 …………………………………………………………… 100
　　（二）蓄电池故障诊断与排除 …………………………………………………………… 102
　　（三）汽车电源充电指示灯不亮故障诊断与排除 ……………………………………… 103
　　（四）汽车电源系统不充电故障诊断与排除 …………………………………………… 104
二、电动门窗故障诊断与排除 ………………………………………………………………… 105
　　（一）驾驶人侧车门电动机故障诊断与排除 …………………………………………… 105
　　（二）驾驶人侧车门主开关故障诊断与排除 …………………………………………… 106
　　（三）车窗玻璃升降器故障诊断与排除 ………………………………………………… 106
三、电动刮水器、洗涤器故障诊断与排除 …………………………………………………… 107
　　（一）刮水器电机不工作故障诊断与排除 ……………………………………………… 107
　　（二）电动刮水器片不能自动复位故障诊断与排除 …………………………………… 107
　　（三）刮水开关电源接通后熔丝随即熔断故障诊断与排除 …………………………… 108
　　（四）刮水器动作迟缓故障诊断与排除 ………………………………………………… 108
　　（五）刮水器电动机工作噪声过大故障诊断与排除 …………………………………… 108
　　（六）刮水器电动机不能停止运转故障诊断与排除 …………………………………… 109
四、灯光、信号系统故障诊断与排除 ………………………………………………………… 109
　　（一）前照灯不亮故障诊断与排除 ……………………………………………………… 109
　　（二）远光灯不亮故障诊断与排除 ……………………………………………………… 110
　　（三）近光灯不亮故障诊断与排除 ……………………………………………………… 110
　　（四）示廓灯、尾灯和仪表灯均不亮故障诊断与排除 ………………………………… 111
　　（五）前照灯灯光暗淡故障诊断与排除 ………………………………………………… 111
　　（六）前照灯经常烧坏故障诊断与排除 ………………………………………………… 112
　　（七）左右前照灯亮度不一致故障诊断与排除 ………………………………………… 112
　　（八）转向灯不亮故障诊断与排除 ……………………………………………………… 112
　　（九）转向灯闪烁比正常时快故障诊断与排除 ………………………………………… 113
　　（十）喇叭不响故障诊断与排除 ………………………………………………………… 113
　　（十一）喇叭有时响有时不响故障诊断与排除 ………………………………………… 114
　　（十二）喇叭声音沙哑故障诊断与排除 ………………………………………………… 114
五、防盗系统故障诊断与排除 ………………………………………………………………… 115
　　（一）车辆不能起动故障诊断与排除 …………………………………………………… 115
　　（二）汽车遥控距离越来越短故障诊断与排除 ………………………………………… 115
　　（三）汽车遥控器没反应故障诊断与排除 ……………………………………………… 116
　　（四）车辆行驶中进入报警状态故障诊断与排除 ……………………………………… 116
　　（五）指示灯经常自己亮起故障诊断与排除 …………………………………………… 116
　　（六）遥控器上没有显示故障诊断与排除 ……………………………………………… 117
　　（七）经常有振动报警故障诊断与排除 ………………………………………………… 117
六、安全气囊系统（SRS）故障诊断与排除 ………………………………………………… 118
　　（一）安全气囊系统故障诊断与排除 …………………………………………………… 118

（二）安全气囊系统检修注意事项 ……………………………………… 119
　　（三）安全气囊报废处理的方法 …………………………………………… 119
　　（四）安全气囊系统故障分析与检测 …………………………………… 120

第六章　空调系统故障诊断与排除 …………………………………………… **122**

　　一、制冷时压缩机不工作故障诊断与排除 ………………………………… 122
　　二、冷气断断续续吹出故障诊断与排除 …………………………………… 123
　　三、只在高速时有冷气故障诊断与排除 …………………………………… 123
　　四、压缩机不能正常自动停转故障诊断与排除 …………………………… 123
　　五、低压侧压力过高，高压侧压力过低故障诊断与排除 ………………… 124
　　六、视液镜中有混浊气泡故障诊断与排除 ………………………………… 124
　　七、制冷剂充填不足故障诊断与排除 ……………………………………… 125
　　八、制冷剂不循环（管路堵塞）故障诊断与排除 ………………………… 125
　　九、管路内混入空气故障诊断与排除 ……………………………………… 126

第七章　油电混合动力汽车故障诊断与排除 ……………………………… **127**

　　一、驱动系统故障诊断与排除 ……………………………………………… 127
　　二、高压蓄电池故障诊断与排除 …………………………………………… 134
　　三、高压电控故障诊断与排除 ……………………………………………… 143
　　四、充电系统故障诊断与排除 ……………………………………………… 146

第八章　纯电动汽车故障诊断与排除 ……………………………………… **150**

　　一、驱动系统故障诊断与排除 ……………………………………………… 150
　　二、高压蓄电池故障诊断与排除 …………………………………………… 153
　　三、高压电控故障诊断与排除 ……………………………………………… 159
　　四、充电系统故障诊断与排除 ……………………………………………… 161

参考文献 ………………………………………………………………………… **165**

第一章　汽油发动机故障诊断与排除

一、点火系统故障诊断与排除

（一）点火线圈故障诊断与排除

1. 故障现象

发动机怠速抖动，加速无力，故障灯点亮。

2. 故障原因

导致点火线圈损坏的原因主要是绝缘层老化击穿或开关晶体管损坏。在正常使用周期中，绝缘层老化和开关晶体管损坏主要由以下原因导致：

① 发电机输出电流过大，导致绝缘层提前老化。
② 火花塞间隙过大，导致初级绕组负荷大、发热量大使绝缘层提前老化。
③ 火花塞间隙过小，导致次级绕组放电电流大、发热量大使绝缘层提前老化。

3. 故障诊断

① 检查发电机发电量，若发电量超过额定值，则点火线圈负载过重容易烧坏。
② 检查火花塞间隙，若与标准值不符，则调节间隙或更换火花塞。
③ 检查高压线的电阻，若与标准值不符，则需更换高压线。
④ 检查次级绕组是否有短路现象，若出现短路现象，则需更换点火线圈。

4. 点火线圈检查方法

① 外部检查。点火线圈外部检查主要包括外壳的清洁检查，高低压线圈是否短路、断路、搭铁和发出火花强度是否符合要求等。检查点火线圈的外表，外壳是否完好，型号是否相符合；有无裂损或绝缘物溢出，各接线柱连接是否牢靠，若发现绝缘盖破裂或外壳损伤，则会容易受潮而失去点火能力，应予以更换。检查高低压线圈是否短

路、断路和低压线圈是否搭铁。检查外壳，查看点火线圈外表、高压线座孔是否完好，必要时修复。

② 点火线圈绝缘性能检测。在试车中，故障出现时用示波仪检测波形，如热车后波形发生变化，则必须更换。在试车中，故障出现时用红外线测温仪检测次级绕组的工作温度，如超过95℃，则说明点火线圈绝缘老化，内部有短路点，必须更换。在试车中，故障出现时用万用表检测次级绕组的电阻值，如热车后电阻值明显变小，则说明内部短路，必须更换。

③ 发火强度检测。用对比跳火的方法检验，此方法在试验台上或车上均可进行，将被检验的点火线圈与好的点火线圈分别接上进行对比，看其火花强度是否一样。点火线圈经过检验，如内部有短路、断路、搭铁等故障，或发火强度不符合要求，则应更换新件。

（二）火花塞故障诊断与排除

1. 故障现象

① 发动机无力。
② 单缸或少数气缸不工作。
③ 发动机温度高。
④ 排气管有明显的"突突"声。
⑤ 起动困难甚至无法起动。

2. 故障原因

① 火花塞间隙过大。对于普通的火花塞，车辆每行驶10000km，中心电极的磨损和撕裂就会扩大0.1~0.15mm。
② 火花塞撕裂短路。
③ 火花塞间隙过小。
④ 火花塞积炭短路。
⑤ 火花塞油污短路。
⑥ 外部绝缘体破裂。

3. 故障诊断

用断缸方法检测哪个气缸不工作或工作不良，即可拆卸该缸火花塞检查。根据火花塞现象，分析故障原因，对症排除故障后，再更换火花塞。

① 如果火花塞油污，则可烘干火花塞继续使用。
② 如果电极熔化，则应更换火花塞。
③ 如果火花塞积炭，则可清洁火花塞积炭。
④ 如果火花塞电极间隙过大或过小，则可以调整间隙。

⑤ 如果火花塞外部绝缘体破裂，则更换火花塞。
⑥ 如果火花塞电极烧蚀严重，则更换火花塞。

二、起动系统故障诊断与排除

（一）起动机运转无力故障诊断

1. 故障现象

起动机转动缓慢无力，带动发动机困难；接通起动开关，起动机只有"咔嗒"声并不起动。

2. 故障原因

① 蓄电池电量不足或连接导线松动，接触不良。
② 起动机轴承过紧或松旷，电枢轴弯曲有时碰擦磁极，换向器和电刷间脏污或电刷磨损过短、弹簧过软，电枢和磁场线圈短路。
③ 起动开关触点烧蚀或电磁开关线圈短路。
④ 电枢移动式起动机串联辅助线圈断路或短路。

3. 故障诊断

① 诊断程序基本与起动机不转时相同。因为这两种故障的产生因素基本一样，只是程度不同。
② 接通起动开关，起动开关处只有"咔嗒"声而无力转动的故障，常发生在电磁控制式和电枢移动式起动机上。

a) 对于电磁控制式起动机，接通电磁开关，有"咔嗒"声，但起动机不转动，说明电磁开关线圈短路或接触不良，产生的磁力太小，不足以进一步压缩回位弹簧，致使主回路接触盘接触不良。

b) 如电磁开关线圈正常，可能是在起动时起动机小齿轮刚好顶在飞轮端面不能啮入。这时，若将发动机曲轴摇转一个角度，又可使小齿轮啮入飞轮齿间而工作正常。若在这种情况下还不能使小齿轮啮入发动，则表明回位弹簧过硬。

c) 对于电枢移动式起动机，接通电磁开关时，动触点的上触点先闭合，辅助线圈接通，电枢缓慢旋转并移动，圆盘顶起扣爪块，使动触点的下触点也闭合，将主回路接通，起动机有力地转动。若扣爪块与圆盘接触的凸肩磨损，不能顶起扣爪块释放限制板，动触点的下触点不能闭合，主回路不通，起动机只能缓慢无力地转动。另外，如果辅助线圈断路或短路，则起动机起动时不能缓慢旋转，往往会导致起动机小齿轮顶住发动机飞轮轮齿端面而不易啮入的情况。

（二）起动机空转故障诊断

1. 故障现象

接通起动开关，起动机只是空转，小齿轮不能啮入飞轮齿圈带动发动机转动。

2. 故障原因

① 机械强制式起动机的拨叉脱槽，不能推动驱动小齿轮，或其行程调整不当，不能进入啮合。
② 电磁控制式起动机的电磁开关铁心行程太短。
③ 电枢移动式起动机辅助线圈短路或断路，不能将电枢带到工作位置。
④ 飞轮齿严重磨损或打坏。

3. 故障诊断

起动机空转实际有两种情况：
① 起动机驱动小齿轮不能与飞轮齿圈啮合的空转，故障主要在起动机的操纵和控制部分，则应进行如下检查与诊断：
a）对于机械强制式起动机，应先检查传动叉行程是否调整适当。若调整不当，在未驱使驱动小齿轮与飞轮齿圈啮合时，主接触盘已与触点接通而导致起动机空转。如果调整适当，则可能是传动叉脱出嵌槽。
b）对于电磁控制式起动机，则应检查主回路接触盘的行程是否过小。如果过小则会使主回路提前接通，造成电枢提前高速旋转。
c）对于电枢移动式起动机，主要是扣爪块上阻挡限制板的凸肩磨损，不能阻挡限制板的移动，致使活动触点的下触点提前闭合，并使电枢高速旋转。若活动触点与固定触点上、下两触点间隙调整不当，即下触点间隙太小时，也同样会引起电枢提前高速旋转。
② 起动机驱动小齿轮已和飞轮齿圈啮合，由于单向啮合器打滑而空转，故障主要在起动机单向啮合器，应分解起动机进行检修或更换起动机。

（三）起动机异响不能带动发动机运转故障诊断

1. 故障现象

接通起动开关，起动机运转时有撞击声，且不能带动发动机运转。

2. 故障原因

① 起动开关或电磁开关行程调整不当。
② 电枢移动式固定触点和活动触点间隙调整不当。
③ 起动机驱动小齿轮或飞轮轮齿磨损过甚或打滑。
④ 起动机固定螺栓松动或离合器壳松动。

⑤ 起动机内部故障。

3. 故障诊断

此现象表明起动机驱动小齿轮啮入困难。首先将曲轴摇转一个角度,再接通起动开关试验。如撞击声消失且啮入起动发动机,则说明飞轮齿圈部分轮齿啮入端打坏,应予以更换。

① 如曲轴转到任何角度都不能消除撞击声,驱动小齿轮始终不能啮入,则表明起动机拨叉行程或电磁开关行程过短,导致驱动小齿轮尚未啮入即高速旋转。

② 当接通起动开关时,起动机壳体明显抖动,说明起动机固定螺栓或离合器壳固定螺钉松动,应立即紧固,否则可能造成起动机驱动端盖折断。

③ 此外,根据撞击声响特征也可大致判明原因。一般行程调整不当或带有空转的撞击声是连续的,而起动机固定螺栓或离合器壳松动或飞轮齿损坏引起的撞击声是断续的,且有时可以啮入起动。空转带有撞击声的诊断方法与起动机空转故障相同。

(四)起动机不运转故障诊断

1. 故障现象

将点火钥匙旋至点火开关起动位置时,起动机不运转。

2. 故障原因

① 蓄电池亏电或连接导线断路、接头松脱。
② 起动继电器触点严重烧蚀或其线圈断路。
③ 起动机电磁开关的触点严重烧蚀或其吸引线圈断路。
④ 起动机直流电动机内部绕组断路或短路。
⑤ 起动机电枢轴弯曲,轴与轴承间隙过紧。
⑥ 换向器严重烧蚀,电刷磨损过多,电刷在刷架内卡住或压刷弹簧过软。

3. 故障诊断

① 若前照灯不亮,喇叭不响,则应检查蓄电池是否无电或导线断路。

② 按电喇叭或开前照灯,如喇叭声音变小、前照灯变暗,可检查蓄电池与起动机之间的连接导线及搭铁线是否松脱,极柱或线卡子是否过脏。检查时可佩戴绝缘手套后用手触摸接线处,如果摸上去发烫,则说明接触不良,应清洁接头后紧固。

③ 若前照灯亮、喇叭响,说明蓄电池有电,可用螺钉旋具搭接起动机电磁开关上的两个接线柱,如果起动机运转,则故障在电磁开关及起动电路。开关短路后,如果火花大但起动机不转,则应拆检起动机。

(五)起动机单向离合器不回位故障诊断

1. 故障现象

起动发动机时,发动机不能起动且起动机不停转动或起动后驱动齿轮仍然与飞轮齿圈啮合高速运转。

2. 故障原因

① 点火开关起动档不回位。
② 起动机驱动齿轮齿形与飞轮齿圈齿形不相符。
③ 蓄电池亏电或内部有故障。
④ 电磁开关触点烧蚀严重。
⑤ 电磁开关回位弹簧折断、活动铁心卡住。
⑥ 单向离合器在转子轴上卡住。

3. 故障诊断

① 遇此故障时,应迅速切断电源,防止长时间通电烧坏起动机。
② 切断电源后,若单向离合器能自动回位,应检查点火开关起动档回位是否良好,不符合要求时,应予以更换。
③ 若单向离合器不能回位,再转动曲轴检查单向离合器是否回位,回位时应检查蓄电池的放电程度及电磁开关触点是否严重烧蚀,并视情况予以充电或更换。不回位则应拆检起动机,检查电磁开关回位弹簧是否折断、活动铁心是否卡滞、单向离合器在电枢轴上移动是否灵活,并视情况予以修复或更换。

(六) 起动机齿轮和飞轮齿圈啮合不上故障诊断

1. 故障现象

接通点火开关后,起动机驱动小齿轮和飞轮齿圈啮合不上。

2. 故障原因

① 供电不足。
② 吸合线圈损坏。
③ 飞轮齿圈轮齿磨损太甚或损坏。
④ 摩擦离合器打滑。

3. 故障诊断

① 供电不足。接通点火开关后,起动机电磁开关处传出"咔咔"声。若是蓄电池电压不足,则应及时充电;若是低压线路接触不实,则检查蓄电池接线柱上氧化层是否太厚,如太厚应及时清除;检查与接线柱连接的电缆有无松脱,如松脱应紧固。
② 吸合线圈损坏。接通点火开关后吸合线圈不工作,用螺钉旋具搭接起动机电磁开关上的两个接线柱时,若有火花说明吸合线圈短路,没有火花说明吸合线圈断路。无论是短路还是断路都应该更换。
③ 飞轮齿圈轮齿磨损太甚或损坏。第一次不必更换新的齿圈,拆下后反方向重新安装(重新装配前必须先用气焊将齿圈加热,但不要烧红退火,趁热将齿圈装在飞轮上)。齿圈

换方向后若再次磨损，因齿圈两侧的齿均已磨损，则应更换齿圈。

④ 摩擦离合器打滑。摩擦离合器损坏后，打开点火开关，起动机旋转，但发动机曲轴不转。

三、冷却系统故障诊断与排除

（一）冷却液温度传感器故障诊断与排除

1. 故障现象

① 冷却液温度警告灯点亮。
② 冷却风扇高速常转。
③ 冷却液温度表指针直接指向最高位置。
④ 冷车起动困难。
⑤ 发动机怠速抖动。
⑥ 发动机加速不良。
⑦ 发动机加速无力。
⑧ 油耗增加。
⑨ 排气管冒黑烟。

2. 故障原因

① 冷却液温度传感器损坏。
② 冷却液温度传感器检测头有污物。
③ 冷却液温度传感器线路接触不良、断路或短路。

3. 故障诊断

① 使用诊断仪读取发动机模块的故障码，判断故障码为偶发故障还是持续故障，如果是冷却液温度传感器持续性故障则更换冷却液温度传感器。

② 使用诊断仪读取冷却液温度传感器数据流，读取冷车时冷却液温度以及热车后的冷却液温度，并观察几分钟，观察冷却液温度是否正常、稳定，显示-40℃为断路，显示140℃或更高为短路。

③ 拆卸冷却液温度传感器，检查是否有损坏和污物。

④ 测量冷却液温度传感器，阻值会随温度升高而变小。冷却液温度在95℃时，传感器阻值是120Ω；冷却液温度在108℃时，传感器阻值是100Ω。

（二）节温器故障诊断与排除

1. 故障现象

① 冷却液温度过高。

② 冷却液沸腾而温度不高。
③ 发动机温度过高而散热器温度并不高，冷却液循环不好。
④ 发动机有爆燃声。

2. 故障原因

节温器损坏。

3. 故障诊断

当听到发动机有爆燃声时首先查看冷却液温度，如果冷却液温度过高则应检查风扇是否转动正常，再检查冷却液量是否正常，对比发动机与散热器的温度差距，如果差距大则可拆检节温器。

随车检查节温器的方法如下：

① 发动机刚起动时的检查：打开散热器盖，如果散热器内冷却液是静止的，则表明节温器工作正常。这是因为当冷却液温度低于70℃时，节温器处于收缩状态，主阀门关闭；当冷却液温度高于80℃时，膨胀筒膨胀，主阀门渐渐打开，散热器内的冷却液开始循环工作（大循环开始）。若冷却液温度表指示在70℃以下，散热器进水管处有水流动，而且冷却液温度微热，则表明节温器主阀门关闭不严，使冷却液过早进入大循环。

② 冷却液温度升高后的检查：发动机工作初期，冷却液温度上升很快，当上升到80℃后，升温速度减慢，则表明节温器工作正常；反之，冷却液温度一直上升很快且内压达到一定程度时，冷却液沸腾突然溢出，则表明主阀门长时间处于关闭状态后突然被打开。冷却液温度表指示在70~80℃时，打开散热器盖及放水开关，用手感觉冷却液温度，若烫手，则说明节温器正常；若加水口处冷却液温度低，且散热器上进水管处于无冷却液流出或流量甚微，则说明节温器主阀门卡滞，无法打开进行大循环。

（三）散热风扇故障诊断与排除

1. 故障现象

① 汽车在行驶过程中散热风扇不转。
② 汽车散热风扇不转，空调不制冷。
③ 汽车发动机散热风扇高档不转。
④ 空调散热风扇声音大。

2. 故障原因

① 发动机冷却液温度没有达到散热风扇起动条件，温度低；散热风扇故障；散热风扇线路故障；节温器故障。
② 散热风扇温控开关故障。
③ 散热风扇故障；散热风扇线路故障。
④ 散热风扇扇叶变形、轴承损坏、散热风扇有异物。

3. 故障诊断

① 检查发动机冷却液温度，如果仪表上的冷却液温度指示不准确，可使用诊断仪读取发动机冷却液温度。

使用诊断仪对散热风扇进行功能测试，散热风扇如能正常转动，则说明线路正常、散热风扇正常。如果散热风扇不工作，则需检查散热风扇电源、搭铁、控制线路以及散热风扇是否有故障。

对比发动机与散热器的温度差距，如果差距大则可拆检节温器。

② 首先检查散热风扇温控开关，开关没问题则检查散热风扇自身的故障。

③ 散热风扇不工作首先检查插接器是否接触不良，检查散热风扇的供电和搭铁情况，检查风扇是否卡滞，检查风扇电机是否烧损等。

④ 检查散热风扇是否有外壳磨损的地方，检查风机扇页是否变形、轴承是否损坏以及风机是否有异物进入。

（四）发动机冷却液温度过高故障诊断与排除

1. 故障现象

① 汽车发动机大负荷低速行驶时冷却液沸腾。
② 汽车发动机大负荷工作时出现爆燃异响。
③ 汽车行驶无力。

2. 故障原因

① 节温器泄漏或装反，冷却液只进行小循环。
② 风扇转速上不去。
③ 电控风扇作用时间过短。
④ 风扇传动带过松。
⑤ 缸体水套内水垢过多。
⑥ 冷却液循环量过小。
⑦ 冷却液不足。
⑧ 混合气过稀或过浓：混合气过稀燃烧速度慢，在做功行程中燃烧放出的热量增加，也会导致发动机过热。
⑨ 气缸垫破损或气缸盖破裂，大量高温气体进入冷却器，也会导致发动机过热。

3. 故障诊断

① 首先检查冷却系统，观察冷却液是否充足、风扇传动带是否过松，电子风扇应检查转速是否达标。

② 再检查节温器是否正常：准备一只电热杯和一支温度计，将节温器放入电热杯，加水至浸没节温器，同时放入温度计，然后加热至80℃，再测量节温器的开度，观察是否符合标准，不合格只能更换。

③ 观察冷却液循环量是否足够。
④ 如果冷却液温度不高就沸腾，则说明气缸垫破损或气缸盖有裂纹。

（五）发动机冷却液温度过低故障诊断与排除

1. 故障现象

发动机升温缓慢或工作温度过低。

2. 故障原因

节温器损坏或温度显示系统故障。

3. 故障诊断

① 发动机起动运转 10min 后工作温度应达到 85~90℃，否则应检查冷却液温度表和冷却液温度感应器、节温器是否有故障。

② 首先应检查冷却液温度表和冷却液温度感应塞是否损坏，指示系统损坏对发动机工作影响不大。可以在发动机工作 10min 后测量发动机温度，也可凭经验判断发动机实际温度来确定指示系统是否有故障。

③ 节温器调压阀损坏后与发动机的工作温度有关，工作时间长，冷却液温度才能升高，工作时间短，冷却液温度升到 45℃ 时变化不大。检查机械方面：主要是节温器黏结卡滞在开启位置，不能闭合，使冷却液始终进行大循环。

④ 检查电气方面：是否由于发动机冷却液温度传感器工作不良、信号不准确而造成散热风扇长时间高速工作等。

⑤ 在盛夏季节，发动机工作温度较高，有的驾驶人拆除节温器以降温，这不是理想的办法，因为在城市短途运输中，它将延长发动机的加热时间，而长时间使用将影响发动机寿命并增加单位油耗。

四、润滑系统故障诊断与排除

（一）机油压力传感器故障诊断与排除

1. 故障现象

① 起动后，机油压力指示灯常亮。
② 发动机故障灯常亮。

2. 故障原因

机油压力传感器探头严重损坏，电子控制单元（ECU）检测到机油压力传感器无连接，仪表显示值为 ECU 内部替代值。

3. 故障诊断

① 检查发动机控制模块（ECM）和线束插接器端子是否松脱、不匹配，锁片是否折断、变形或损坏，以及导线连接是否有故障。

② 检查线束是否损坏。如果检查线束未发现故障，则断开发动机机油压力开关，接通点火开关并移动与发动机机油压力开关电路相关的线束，测试发动机机油压力开关插接器接头间的电压。如果电压显示变化则表明该部位有故障。

（二）机油滤清器故障诊断与排除

1. 故障现象

① 发动机机油灯点亮。
② 机油压力过低。
③ 机油压力过高。

2. 故障原因

机油滤清器堵塞。

3. 故障诊断

① 机油滤清器的作用是进一步过滤很小的机械杂质。当使用过久后，被过滤出的机械杂质集存在滤芯上，随着时间的延长，滤芯外表面积存的机械杂质质量增大，堵塞机油流动通道，导致机油压力减小。

② 滤清器的滤芯过脏使机油回路堵塞，造成机油压力过高。

（三）机油泵故障诊断与排除

1. 故障现象

① 发动机机油灯点亮。
② 机油压力过低。

2. 故障原因

机油泵性能不良。

3. 故障诊断

机油泵是润滑系统的动力源，机油泵内部齿轮磨损、间隙过大或卡死，都会导致机油泵油量减小或不泵油。

（四）机油消耗过快故障诊断与排除

1. 故障现象

① 加注机油的周期缩短，经常需要添加机油。

② 排气管排蓝烟。
③ 火花塞经常失效。

2. 故障原因

① 发动机漏机油。
② 发动机烧机油。

3. 故障诊断

① 诊断机油消耗过量的故障时，应检查发动机是否漏机油，包括曲轴前后端、油底壳、机油滤清器、气缸盖罩、挺杆室侧盖等处是否漏机油。机油消耗过快诊断流程如图 1-1 所示。

② 在发动机高速运转的情况下，查看排气管是否排蓝烟。如果排气管排蓝烟，且火花塞经常失灵，则表明机油消耗过快是由发动机烧机油导致的，应当对发动机内部进行检修。

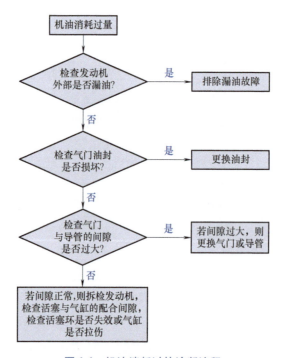

图 1-1　机油消耗过快诊断流程

（五）机油压力过低故障诊断与排除

1. 故障现象

① 发动机机油灯点亮。
② 机油压力过低。

2. 故障原因

① 机油量不足。
② 机油黏度降低。
③ 机油泵性能不良。
④ 机油滤清器堵塞。
⑤ 泄漏量大。

3. 故障诊断

发动机润滑系统出现机油量少、机油泵工作不正常、油道堵塞等，均会造成机油压力过低。机油压力过低，会加速曲轴、凸轮轴磨损，甚至因为润滑不良而使发动机抱轴，严重时会造成发动机报废。因此，在汽车组合仪表上都设有压力指示系统，显示发动机润滑系统的压力。发动机润滑系统异常，首先应判断是否为机油压力过低。

① 发动机机油量不足，油底壳内机油液面较低，机油泵吸入机油少，就会导致润滑系机油压力下降，甚至不产生压力。

② 机油黏度实际是机油流动时的内摩擦阻力的大小。机油流动时的内摩擦阻力小时，其流动性好；反之，机油流动时的内摩擦阻力大时，其流动性差。因此黏度是机油品质最重要的衡量指标之一。若机油黏度降低，则机油压力也下降。机油过稀或因发动机温度高造成机油变稀，机油就会从发动机的各摩擦间隙中泄漏，造成机油压力降低。

③ 机油泵是润滑系统的动力源，机油泵内部齿轮磨损、间隙过大或卡死，都会导致机油泵油量减小或不泵油直接导致机油压力过低。

④ 机油滤清器的作用是进一步过滤很小的机械杂质。当使用过久后，被过滤出的机械杂质集存在滤芯上，随着时间的延长，滤芯外表面积存的机械杂质质量增大，堵塞润滑油流动通道，导致机油压力减小。

⑤ 油量能够产生压力的原因是机油在油道内流动有阻力。限压阀调定压力过低或关闭不严、曲轴或凸轮轴颈等处因磨损配合间隙过大，都会造成润滑系统的泄漏量增大，系统内的机油压力会随着泄漏量的增大而相应降低。

⑥ 机油压力过低是发动机润滑系统最常见的故障之一，判断机油压力过低的常见方法有观察组合仪表机油压力警告灯、机油压力表测试机油压力和观察气门室是否有机油。

a）组合仪表机油压力警告灯报警。汽车组合仪表上设有机油压力警告灯或机油压力表。机油压力警告灯报警（点亮），首先必须确定是机油压力警告灯的电路故障，还是发动机机油压力低。排除了机油压力警告灯电路故障，才能判断发动机机油压力低的故障。

机油压力警告灯电路故障的诊断方法是：将机油压力传感器插头断开，直接对发动机搭铁，若断开时机油压力警告灯熄灭，搭铁时机油压力警告灯亮，表示机油压力警告灯系统正常。否则，表明机油压力警告灯存在故障。

b）机油压力表测试。机油警告灯报警，警告发动机机油压力异常，为确定发动机机油压力的具体情况，需要连接机油压力表，检测发动机机油压力值是否正常。机油压力表连接口为机油压力传感器的安装口。

c）气门室观察法。机油压力表测量的是缸体的主油压，并不能代表气缸盖上的机油压力。如由于油道堵塞等原因，气缸盖上润滑不充分，则会导致气门异响、凸轮轴磨损、抱死等故障。因此有必要确定气门室是否上机油。

气门室观察是否上机油，需要起动发动机，运转到发动机温度正常，打开机油加注口盖，观察气门室是否有机油飞溅，以及凸轮轴组件上是否有机油润滑。

（六）机油压力过高故障诊断与排除

1. 故障现象

① 机油压力过高。
② 发动机机油灯点亮。

2. 故障原因

① 机油黏度过大。
② 润滑部位配合间隙过小。
③ 机油滤清器堵塞。
④ 限压阀调整不当。

3. 故障诊断

润滑系统内的机油压力过高，主要是机油在系统内流动阻力过大所引起，其流程如图1-2所示。其表现为：发动机在怠速以上运转时，发动机温度正常而机油压力高于规定值；发动机在低速运转时，机油压力指示器的浮标已升到最上方。

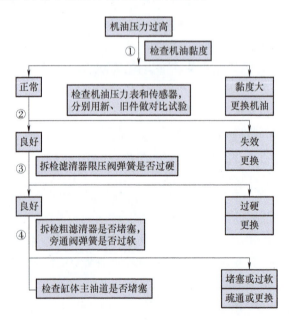

图1-2　机油压力过高诊断流程表

① 机油黏度的大小表明了机油流动时内摩擦阻力的大小。其大小与发动机温度有关，

发动机温度低时，机油黏度大；反之，发动机温度高时，机油黏度小。机油黏度大时流动性差但密封性好，泄漏量少。如果机油黏度超过规定值，则机油在润滑系内的流动阻力会增大，同时压力升高。因此，发动机温度低或机油本身黏度大时，机油压力会升高。

② 润滑部位的凸轮轴轴颈、连杆轴颈、曲轴轴颈、摇臂轴等润滑部位的配合间隙如果过小，则会使润滑系油路的流动阻力增大，造成机油压力过高。

③ 滤清器的滤芯过脏使机油回路堵塞，也会造成机油压力过高。

④ 限压阀调整的弹簧弹力过大，会导致润滑系内的机油压力过高。

五、燃油系统故障诊断与排除

（一）燃油泵故障诊断与排除

1. 故障现象

① 汽车起动困难。
② 汽车无法起动。
③ 汽车燃油表不准。
④ 汽车燃油泵异响。

2. 故障原因

除了燃油泵自身质量外，使用劣质汽油、滤网堵塞也会导致燃油泵出现问题。如果汽油滤清器长期不换，也会使燃油泵提早损坏。汽油滤清器可以说是燃油泵不可缺少的一部分，可以过滤掉汽油中的粉尘等固体杂质，从而保证汽油质量，还可减少喷油嘴堵塞概率。

① 燃油泵总成不保压。
② 燃油泵总成压力不足。
③ 燃油泵总成无流量。

3. 故障诊断

① 燃油泵工作状态检查。起动发动机短时运转，并仔细听燃油泵的运转声，如未能听到运转声音，则要关闭点火开关，打开仪表板左侧的熔丝盒盖，拔出燃油泵熔丝。其次，用连接电缆将遥控器锁连接到燃油泵熔丝的插座上，并将其接线夹夹到蓄电池正极上，之后操纵遥控器开启燃油泵。若燃油泵运转，则应检查燃油泵继电器是否接通。若燃油泵不运转，则要松开燃油泵的插接器并拆下。同时，还要操控遥控器开启二极管测试灯，如果二极管测试灯不亮，则按电路图查找并排除断路故障。另外，在正常情况下，电动燃油泵的电枢绕组电阻大多在 10~20Ω，在运行时可以对电枢的绕组电阻进行测试，若阻值超出这一范围，则说明电动燃油泵有电枢绕组短路、电刷接触不良或绕组断路等故障，从而为故障处理提供重要参考。

② 燃油泵输油量检查。输油量检查需要先拆下加油口盖,打开发动机舱盖及螺纹管接头,并用抹布收集溢出的燃油,之后将压力表及管接头连接到进油管上,将软管推到压力表的管接头上,并将软管出口置于一量杯内。在打开压力表的开关手柄后,要将手柄指向流动方向,操纵遥控器慢慢关闭手柄,直至压力表显示400kPa。最后,操纵遥控器30s,同时用万用表测量蓄电池电压,将输油量与规定值进行比较并测算出输油量的具体值。如未能达到最小输油量标准,则要检查燃油管是否有节流点或堵塞。此外,还要拆下电动燃油泵的出油管,将燃油泵接线柱的电压提升至11.5V以上,再用量杯从出油口收集燃油,30s内泵油量应不少于0.6L,否则就说明泵体安全阀有故障。

③ 燃油泵触发情况检查。在进行继电器触发情况检查时,要关闭点火开关,之后将发动机控制单元的线束与检测盒连接起来,再用辅助导线将检测盒的插孔相连。之后打开点火开关,观察燃油泵与继电器是否吸合,如果二者未能吸合,则应更换发动机控制单元或关闭点火开关。同时,还要将燃油泵继电器取下,利用万用表对其电压进行测量,如未能达到蓄电池电压值,则应检查线束,如果达到规定值,则应关闭点火开关。而在检测其他部件的触发情况时,要对执行元件进行诊断并选择一个喷油器,之后利用万用表将搭铁与熔丝的左右端子串联起来,观察其电压值,如未能达到规定值,同样要检查线束,若无线束故障,则更换燃油泵继电器。

④ 燃油泵单向阀检查。单向阀检查前要保证遥控器、压力表已经完成连接,之后关闭压力表的开关手柄,短时操纵遥控器至压力达到400kPa左右,如压力过高,则可慢慢操纵手柄降低压力。这时要观察压力表上的压力下降状况,一般冷机时压力应为220kPa,而热机时压力应在300kPa左右。若压力低于规定值,应检查管路及软管接头是否泄漏,若管路无故障,说明燃油泵单向阀失效,应更换供油单元。示电阻值为无穷大,由此可判定燃油泵出现了断路问题,在更换电动燃油泵后,故障消除。

(二)燃油压力传感器故障诊断与排除

1. 故障现象

① 发动机动力不足。
② 燃油消耗明显增大。
③ 冷车起动困难。
④ 发动机故障灯点亮。

2. 故障原因

① 燃油压力传感器损坏。
② 燃油压力传感器线束插接器接触不良,断路或短路。

3. 故障诊断

① 低压燃油压力传感器作用:发动机控制单元利用这个信号控制低压燃油系统。发动机控制单元按照传感器信号向燃油泵控制单元发送一个信号,供其根据这个信号按需调节电

子燃油泵。

信号失灵故障造成的影响：如果燃油压力传感器失灵，则由燃油压力预调替代燃油压力调节。燃油压力约为650kPa。

② 高压燃油压力传感器作用：发动机控制单元对这个信号进行分析，并通过两个燃油计量阀调节燃油分配器管路内的压力。

信号失灵造成的影响：如果燃油压力传感器失灵，则无法建立燃油高压。发动机以燃油低压紧急运行，导致功率和转矩损失。

（三）喷油器故障诊断与排除

1. 故障现象

① 发动机故障灯报警。
② 发动机怠速抖动。
③ 发动机加速不良、无力。
④ 排气管冒黑烟。
⑤ 燃油油耗增加。

2. 故障原因

① 喷油器不喷油、喷油雾化不良、漏油。
② 喷油器线束插接器接触不良、断路或短路。

3. 故障诊断

① 喷油器的就车检查。

a）喷油器工作情况的检查：可通过检查喷油器工作声音和发动机转速变化来判断。发动机运转时用手指接触喷油器，应有脉冲振动感觉；用螺钉旋具或听诊器与喷油器接触，应能听到其有节奏的工作声。否则，表明喷油器工作不正常。

b）断缸（断油）检测：在采用断油检查方法时，若拔下某缸喷油器线束插头，喷油器停止喷油，发动机转速立即下降，这表明该喷油器工作正常；否则表明不工作或工作不良。若拔下某缸喷油器线束插头，排气管停止冒烟，则表明该缸喷油器发卡不能关闭。

② 喷油器的检查。

a）喷油器泄漏情况的检查：其漏油量在1min内应少于1滴，否则应予以更换。

b）喷油器喷油量的检查：相互间的喷油量差值应小于其喷油量的10%，否则应加以清洗或更换。

（四）活性炭罐电磁阀故障诊断与排除

1. 故障现象

① 车辆行驶异响。在发动机非怠速运转情况下，也就是发动机以800r/min以上的转速

运行时，有时可以听见"嗒嗒"的响声。

② 踩加速踏板时车辆有顿挫感，而且车内汽油味比较大。

③ 发动机起动后，怠速转速忽高忽低，而且汽车加速无力，此时要注意炭罐的空气入口及过滤网是否堵塞。

④ 发动机点火困难，或者好不容易点燃又马上熄灭，此时要注意检查可能导致问题出现的炭罐电磁阀。

2. 故障原因

① 车辆行驶异响。通过听觉判断"嗒嗒"响声是不是炭罐发出来的，如果是则不需要处理，因为炭罐电磁阀门在工作的时候会产生断续的开关动作，从而发出"嗒嗒"声，这属于正常现象。

② 踩加速踏板时车辆有顿挫感，且车内汽油味较大。此时需要格外注意炭罐吸附系统的管路是否破裂，如果管路破裂，汽油蒸气会沿着破损裂口直接排入大气中，造成车内汽油味大的现象。如果此时管路漏油，进入发动机进气道的是空气而不是燃油蒸气，势必造成发动机的混合气体过稀，从而导致不定时的顿挫现象。

③ 发动机怠速忽高忽低，而且加速无力。因为外界空气不易进入炭罐，炭罐内缺少新鲜空气，怠速时，在进气真空吸力的作用下，吸附在活性炭罐内的汽油蒸气被吸入进气歧管，使得氧传感器检测到混合气体过浓，于是发动机控制单元减少喷油量，此时混合气体的浓度会随之较小，导致怠速过低；随后，由于喷油量的减小，氧传感器在下一个循环又检测出混合气体过稀，于是发动机控制单元又增加喷油量，从而导致怠速过高，周而复始，便出现了怠速有规律的忽高忽低现象。出现这个故障现象时，我们要及时检查炭罐的进气口是否畅通。

④ 发动机熄火或不易点燃。如果电磁阀一直处于关闭状态，那么炭罐内的汽油蒸气会越聚越多，最终充满整个炭罐，其余的汽油蒸气只能逸入大气，不仅污染了环境，也造成了燃油的浪费。反之，如果电磁阀一直处于打开状态，则发动机进气道的混合气一直处于不断加浓的状态，同时发动机控制单元由于此时还没有控制炭罐电磁阀工作，也就不会发出降低喷油量的指令。这样循环下去，便会造成热车时混合气过浓引起发动机熄火，以及热车熄火以后不易起动的现象。

3. 故障诊断

① 炭罐电磁阀就车检查方法。

a）将发动机预热至正常温度，并使之怠速运转。

b）拔下炭罐上的真空软管，检查软管内有无真空吸力。真空软管内无真空吸力，此时发动机怠速运转中电磁阀关闭。若燃油蒸发控制系统正常，真空软管内有真空吸力，则用万用表20V电压档检查电磁阀插接器端子1上是否有电压，此时电磁阀应打开，电压为蓄电池电压。

c）踩下加速踏板，当发动机转速大于2000r/min时，检查上述真空软管内有无真空吸引力。若真空软管内有真空吸力，则说明该系统工作正常；若真空软管内无真空吸力，则用万用表20V电压档检查电磁阀线束插接器端子1上是否有电压。若电压正常，则说明电磁阀有故障；若电压异常，则说明控制线路有故障。

② 电磁阀的单件检测方法。

a）检查电磁阀电磁线圈的电阻值。拔下电磁阀线束插接器，用万用表电阻档测量电磁阀电磁线圈的电阻值。电阻值为 32Ω 左右，符合规定，说明活性炭罐电磁阀无故障。

b）检查电磁阀的工作。拆下电磁阀，首先向电磁阀内吹气，电磁阀不通气；然后将蓄电池电压加到电磁阀插接器的两端子上，并同时向电磁阀内吹气，此时电磁阀应通气。

c）检测泄漏。当没有电信号时，电磁阀应关闭。拔下活性炭罐电磁阀连接软管，连接电磁阀插头，进入最终控制诊断，选择活性炭罐电磁阀，对准电磁阀进气孔吹气，检查阀开、闭是否良好。

（五）燃油压力过低故障诊断与排除

1. 故障现象

① 车辆加速不良。
② 怠速抖动。
③ 行驶过程中易熄火。

2. 故障原因

① 高压燃油泵内部堵塞或压力调节器工作异常。
② 喷油器损坏，造成回油量过大或燃油大量泄入气缸。
③ 低压油路存在弯曲、吸扁、堵塞，造成供油不畅。
④ 压力传感器信号错误。
⑤ 电动燃油泵损坏等。

3. 故障诊断

① 喷油器将燃油喷射在进气门附近。当发动机工作、进气门打开时再吸入气缸燃烧做功。当燃油泵泵入供油系统的燃油增多，油路中的油压升高时，油压调节器将自动调节燃油系统压力。保障供给喷油器的油压基本不变。供油系统过剩的燃油由回油管流回油箱。

② 电动燃油泵将汽油从油箱里泵出，先经燃油滤清器过滤，再经油压调节器调节油压，使油路中的油压高于进气管负压 300kPa 左右，最后经燃油分配管分配到各缸喷油器，喷油器根据 ECU 的指令将汽油适时喷在节气门附近。

③ 安装油压表时，先将燃油系统卸压，起动发动机，拔下电动燃油泵继电器或电源插头。待发动机熄火后，再起动发动机两三次，即可释放燃油压力。

（六）燃油压力调节阀故障诊断与排除

1. 故障现象

① 发动机动力不足。

② 燃油消耗明显增大。
③ 发动机故障灯点亮。
④ 发动机怠速抖动，并伴有缺缸。

2. 故障原因

① 燃油压力调节阀器损坏。
② 燃油压力调节阀线束插接器接触不良，断路或短路。

3. 故障诊断

燃油压力调节阀装在燃油高压泵上，属高频电磁阀。发动机控制单元根据装在高压油轨上的高压燃油压力传感器所监测到的信号，控制燃油压力调节阀以精确调整占空比，从而得到所需的燃油压力。低压燃油系统的压力是由燃油箱中的电动燃油泵提供的，装在燃油箱上部的燃油泵控制单元根据脉宽调制信号控制电动燃油泵工作，使低压燃油系统压力维持在50～500kPa。在发动机起动时，低压燃油系统的压力能达到600kPa以上，用以保证发动机的正常起动及工作。

六、排气系统故障诊断与排除

（一）三元催化转化器堵塞故障诊断与排除

1. 故障现象

① 发动机加速不良，高速无力。
② 空档急加速，发动机转速不超过3000r/min。
③ 完全堵塞时，发动机有油有火，但无法起动。

2. 故障原因

① 有的汽车低速行驶时有顿挫感，减速后再加速顿挫感更加明显，更换点火线圈高压线、火花塞、电控单元都不见好转，则要考虑排气背压是否过高。这种情况与加速不畅、车速提不起来、急加速时回火甚至熄火相比较，只是三元催化转化器堵塞的程变不同而已。总之，若三元催化转化器堵塞后排气背压过高，会造成发动机起动困难、怠速不良、加速无力、转速不稳定、点火调节失控等故障现象。

② 一般行驶了12万km以上的汽车，其三元催化转化器都会有不同程度的堵塞。引起三元催化转化器堵塞的原因是多方面的，其中一个重要原因是燃油和润滑油的质量不高。无铅汽油不仅辛烷值高、抗爆性好，而且含硫和含磷量极低。

③ 催化剂载体的破碎剥落和油污的堆积都会阻塞三元催化转化器中的气道，使排气阻力增大，造成较大的压力损失。

3. 故障诊断

① 利用真空测量法检查是否堵塞。三元催化转化器堵塞时，真空表读数应为如下情况（排气通道其他部门堵塞时相同）：发动机怠速运转时，真空表读数开始为某一个值（有的可能是正常值），然后很快下降到10kPa或很小的值；发动机转速快速提高到2000r/min后突然关闭节气门时，若真空表读数上升到80kPa左右后迅速下降到7kPa以下，然后再回升到发动机怠速运转时的值，则三元催化转化器堵塞。

三元催化转化器严重堵塞时，真空表读数应为如下情况（排气通道其他部分严重堵塞时相同）：当发动机怠速运转时，真空表读数很小；当发动机转速从怠速转速逐渐提高到2500r/min后保持为2500r/min时，真空表读数继续快速下降。

② 利用排气背压测量法检查是否堵塞。发动机排气系统由于线路比较长，而且系统中还有三元催化转化器和消声器等部件，运行时本来就存在一定的压力（排气背压），但是很小。排气系统堵塞后，由于系统发动机排气压力大，排气系统压力也会增大，从而影响发动机运行。因此，可以通过测量排气背压判断排气系统是否堵塞。

在三元催化转化器前端排气管上接出一个压力表，有下述几种方法：有二次空气泵的可以从二次空气喷射管路上脱开空气泵止回阀的接头，再在二次空气喷射管路的排气管端接上压力表；也可以把前端传感器拆下，在它的接口上接压力表，有的车载三元催化转化器前端排气管上预留有接口，把闷头拆下即可。起动发动机，并使发动机温度达到85℃以上，在发动机转速为 2500 r/min 时读取压力表读数，此读数即为排气管的背压，其值应小于13.8kPa。如果排气背压不超过发动机所规定的限值，则表明三元催化转化器没有被阻塞。

 （二）排气再循环阀故障诊断与排除

1. 故障现象

① 发动机怠速不稳。
② 发动机怠速时会熄火。
③ 发动机低速时会抖动。
④ 尾气排放超标，氮氧化合物含量高。

2. 故障原因

① 发动机怠速不稳定甚至熄火的故障原因是排气再循环（EGR）阀卡滞在打开的位置。
② 排放超标，氮氧化合物含量过高的故障原因是EGR阀卡滞在关闭的位置或者管道堵塞。

3. 故障诊断

目前，轿车发动机上应用较多的是由EGR阀和三通电磁阀等组成的排气再循环系统。
① 诊断排气再循环系统故障的具体步骤。
a) 从节气门体上拆下真空软管并将真空泵接到真空软管上。
b) 在发动机分别处于冷（发动机冷却液温度为50℃或更低）、热（发动机冷却液温度为80~95℃或更高）状态下，检查EGR系统的工作状况。发动机冷态，急速运转时施加真空应该消失；发动机热态时，真空应能保持住。

② 检查EGR阀控制真空度的方法。在发动机冷却液温度为80~95℃时，从节气门体的EGR真空接头上拆下真空软管，接上真空泵。起动发动机，深踩加速踏板使发动机转速增高后，检查EGR阀的控制真空度是否随发动机转速的升高而正比例增加。如果真空度变化不合理，则说明节气门的通风孔可能堵塞，需要清理。

③ 检修EGR阀的具体步骤。

a）拆下EGR阀，检查有无卡滞、积炭现象，如有则需要清洗。

b）将真空泵接到EGR阀上。

c）向EGR阀通道吹气，检查ECR阀工作情况。当真空度不大于7kPa时，空气应吹不过去；当真空度不小于23kPa时，空气可以吹过去。注意，在安装EGR阀时，要用新的密封垫并将紧固螺栓拧紧至15~22N·m的规定力矩。

④ 检查排气再循环温控真空阀（EGR-TVV）的具体步骤。

a）从EGR-TVV上拆下真空软管，并将真空泵接到EGR-TVV上。

b）抽真空，检查通过EGR-TVV真空的情况。正常情况下，当发动机冷却液温度不高于50℃时，真空度下降；当发动机冷却液温度不低于80℃时，保持真空。

c）将发动机冷却液从散热器中排入合适的容器内，从旁通出水口上拆下TVV阀，并将TVV阀放入水中。

d）当水温低于35℃时，TVV阀应该关闭，将空气吹入管口中，空气应不能流过TVV阀；当水温高于54℃时，TVV阀应该开启，将空气吹入管口中，空气应能自由地流过TVV阀。

e）在检修过程中，拆卸和安装EGR-TVV时，对塑料部位均不得使用扳手。安装EGR-TVV时，在螺纹部分要涂一层密封剂并将紧固螺栓拧紧至20~40N·m的规定力矩，并重新加注发动机冷却液，检查有无泄漏。

（三）涡轮增压器故障诊断与排除

1. 故障现象

① 漏油。
② 有金属摩擦声。
③ 轴承损坏。
④ 动力下降。

2. 故障原因

① 机油消耗与泄漏故障。发动机主油道压力机油的作用是润滑轴承，并冷却涡轮增压器。机油在发动机工作压力下通过供油管供给涡轮增压器轴承进行润滑和冷却，之后经过增压器底部回油管流回油底壳。涡轮增压器转子总成的每一端都有密封油封，用于阻止废气和压缩空气进入涡轮增压器壳中。如果曲轴箱的压力过大使机油无法从涡轮增

压器回油，就会增加转子总成轴承的负荷，使机油从压气机密封处泄漏，进入发动机。对于带催化转化器的发动机发生涡轮机密封处泄漏，机油进入排气系统，在维修时应检查排气阻力。

机油回油管阻塞或损坏，将会引起涡轮增压器壳体压力增加，导致机油从密封圈处溢出。如果发生上述泄漏，则应清洗中冷器、清洗掉进气系统中的机油。

② 涡轮增压器零件失效会降低涡轮增压器的增压效率，使排气增多、输出功率降低。例如，轴承磨损或烧蚀故障会产生摩擦，使转子总成转速减慢。同时，轴承损坏后还会使涡轮增压器转子总成的叶片摩擦机壳，从而导致转子总成的转速降低。

涡轮增压器废气旁通阀故障或该阀门标定不正确，均会导致增压压力过高或过低。特别是增压压力过低会引起排烟过多和功率降低；增压压力过高又会造成机油泄漏，甚至损坏发动机。

③ 涡轮增压器增压压力下降、增压比降低，说明进入气缸的充气量减少，导致柴油机动力下降，燃油消耗量和排气温度将会提高。造成这一故障的原因是：

a）空气滤清器滤芯脏、灰尘多而造成堵塞，使进气阻力增大，增压压力下降。

b）压气机内部气道粘附有油垢、中冷器内部气道也粘附有油垢，使气流流通时阻力增加，压气机压力下降、效率降低。

c）压气机轴密封圈损坏，气流泄漏，压力下降。

d）涡轮转子部件因柴油机燃烧不良、严重积炭以及浮动轴承损坏等原因使涡轮旋转阻力增大，涡轮转速下降，导致增压压力下降。

e）排气管消声器堵塞，排气不畅，使涡轮排气背压过高，也会导致增压压力降低。

f）柴油机气缸套、活塞、活塞环、气阀和气阀座圈等零部件磨损严重，增压空气进入气缸后泄漏量增大，使增压压力及压气机效率降低。

根据上述分析得出的故障原因，应有针对性地清理堵塞的滤芯或进行更换；清理气道内的油污垢，使气流畅通；更换密封圈；清除转子轴粘附的积炭，更换浮动轴承；疏通排气管道，使之通畅；视情更换配合副，如气缸套、活塞、活塞环和气阀等；附着的油污需彻底清理，以减小空气流通阻力，提高增压压力。

④ 涡轮增压器运转时发出的嗡嗡声是正常的，这种噪声强度随发动机的转速和负荷变化而变化。产生噪声的根源是由于转子总成高速运转（转速达70000~100000r/min）和制造时用于平衡转子总成的方式引起的。因此发动机在高速运转时噪声最大。

发动机转速较低时发出声调较低的咔嗒声，说明系统中有碎屑或转子总成碰撞壳体。在检查时，应拆下涡轮增压器进气管，检查有无异物，检查涡轮增压器叶片是否损坏以及轴承间隙的大小。

3. 故障诊断

① 检查润滑油压力是否正常，机油量是否符合要求。
② 按规定要求，定期更换润滑油，并保证润滑油清洁。
③ 严格按规定要求使用润滑油，不得混用。
④ 应避免发动机在高温情况下工作，保持发动机的正常工作温度。

出现以上现象，要拆开涡轮增压器进行清洗，并更换相应零件。当发现涡轮增压器漏油时，必须检查增压器回油管和柴油机通风管是否阻塞，机油冷却器工作是否正常。当发现机油成油泥状时，应立即按照规定更换机油及机油滤清器，只有这样，才能排除增压器的故障，保证其在最佳状况下工作。

（四）涡轮增压传感器故障诊断与排除

1. 故障现象

① 发动机怠速不稳。
② 发动机加速无力。
③ 发动机故障灯点亮。
④ 汽油油耗增加。

2. 故障原因

① 涡轮增压传感器损坏。
② 涡轮增压传感器线束插接器接触不良、断路或短路。
③ 发动机控制单元故障。

3. 故障诊断

增压传感器可测量涡轮增压器和节气门体之间的压力范围。此发动机使用的传感器是三级大气传感器。该部分进气系统的压力受发动机转速、节气门开度、涡轮增压器增压、进气温度（IAT）、大气压力（BARO）和增压空气冷却器效率影响。传感器向发动机控制模块（ECM）提供一个与压力变化相关的信号电压。在正常操作条件下，点火开关处于"ON（打开）"位置且发动机关闭时，该部分进气系统的最大压力等于大气压力。当发动机在节气门全开（WOT）的情况下操作时，涡轮增压器可将此压力增加到约240kPa。发动机怠速运行或减速时，此压力等于大气压力。

① 增压空气冷却器由需要使用专用高力矩固定卡箍的柔性管道系统连接至涡轮增压器和节气门体上，这些卡箍不可替代。在进行管道维修作业时，为了防止任何类型的空气泄漏，必须严格遵守紧固规格和正确的卡箍位置，这一点至关重要。
② 使用烟雾发生装置或喷雾瓶中的洗洁精水查明进气系统和增压空气冷却器总成中的所有可疑空气泄漏。
③ 使用诊断仪读取定格数据。存储故障码时，ECM将车辆和驾驶条件信息记录为定格数据。进行故障排除时，定格数据有助于确定故障出现时车辆是运行还是停止、发动机是暖机还是冷机、空燃比是高还是低，以及其他数据。

（五）涡轮增压压力限制电磁阀故障诊断与排除

1. 故障现象

① 发动机怠速不稳。

② 发动机加速无力。
③ 发动机故障灯点亮。
④ 汽油油耗增加。

2. 故障原因

① 增压压力限制电磁阀损坏。
② 增压压力限制电磁阀线束插接器接触不良、断路或断路。
③ 发动机控制单元故障。

3. 故障诊断

当发动机高速时增压压力增大,达到设定值时压力推动阀体向下移动,将增压器涡轮壳上的放气阀打开,将排气压力卸掉一部分。采用该阀体主要是为了改善低速工况,从而在低速时可以得到较高的增压压力。

发动机控制单元根据需要以占空比方式给增压压力限制电磁阀通电,改变加在增压压力调节单元膜片阀上的气压以调节增压压力。在中低速小负荷时,增压压力限制电磁阀的 A 端与 B 端连通,允许增压压力调节单元自动调节增压压力。

在加速或高速大负荷时,该电磁阀由发动机控制单元以占空比的方式供电,低压通气端与另两端连通,施加在增压压力调节单元膜片阀上的压力下降,废气旁通阀开度减小,增压压力提高,即占空比越大,增压压力越高。

(六) 涡轮增压器循环空气阀故障诊断与排除

1. 故障现象

① 发动机怠速不稳。
② 发动机加速无力。
③ 发动机故障灯点亮。
④ 汽油油耗增加。

2. 故障原因

① 涡轮增压器循环空气阀损坏。
② 涡轮增压器循环空气阀线束插接器接触不良、断路或断路。
③ 发动机控制单元故障。

3. 故障诊断

受发动机控制单元控制,不通电时进气歧管与机械式空气再循环阀的膜片室相通,通电时真空罐与机械式空气再循环阀的膜片室相通。

发动机怠速或小负荷工况时,进气歧管的真空度较大,发动机进气不需要增压,此时增压器空气再循环电磁阀不通电,进气歧管的真空度作用于机械式空气再循环阀使阀开启,增压器压气机出口的高压空气流回到低压端,此时增压器不起作用;在车辆高速行驶急减速时，节气门突然关闭，瞬间增压器需要卸荷。由于此时进气歧管内的真空度不足以开启机械式空气再循环阀，故发动机控制单元将立即给增压器空气再循环电磁阀 N249 通电，使真空罐与机械式空气再循环阀接通，在真空罐强大的真空吸力作用下阀开启，增压器被卸荷。增压器卸荷的目的是使增压器压气机室至节气门前存在的高压压力瞬间被卸掉，使压气机叶轮旋转的阻力不致过大，这样一是减轻高压气体对压气机叶轮的冲击，二是能使涡轮增压器保持在较高的转速，使增压器在需要时能更迅速地向发动机提供所需的增压压力，减小涡轮增压器的"迟滞"现象。

（七）排气管漏气故障诊断与排除

1. 故障现象

① 排气噪声大。
② 有时会放炮。
③ 废气检测，氧含量增加。

2. 故障原因

① 排气管漏气损坏。
② 密封垫变形。

3. 故障诊断

① 目测法：排气管漏气部位通常有烟冒出，周围有黑色的炭烟痕迹。
② 手感法：用手在距排气管 100mm 处巡查，漏气部位有窜气的感觉（小心烫伤）。
③ 听诊法：漏气部位有"叭叭"的响声。
④ 排气管漏气故障通常都用以上几种方法结合来诊断。

（八）进气管回火故障诊断与排除

1. 故障现象

① 发动机高温时进气管出现"嗒嗒"的响声，拆除空气滤清器时可看到明显回火。
② 起动性能变差。
③ 汽车行驶无力。

2. 故障原因

① 进气门间隙过小，发动机高温时由于气门杆膨胀伸长而使气门关闭不严。
② 进气门烧蚀或气门座烧蚀，引起进气门关闭不严。
③ 当缸内燃烧处于做功行程时，火焰漏入进气管，使进气管中的混合气产生燃烧而造成回火。

3. 故障诊断

① 拆卸气门室盖，使用量规测量进气门间隙。如果间隙过小，则调整至正常范围。

② 拆卸进气歧管，检查进气门是否出现烧蚀，如果出现，则更换进气门。如果出现气门座烧蚀，则更换进气门座。

③ 检查是否由于进气门关闭不严导致回火，若是，则进行关闭修复。

（九）排气管"放炮"故障诊断与排除

1. 故障现象

① 发动机高温时排气管出现"叭叭"的响声。
② 起动性能变差。
③ 汽车行驶无力。

2. 故障原因

① 排气门间隙过小，发动机高温时由于气门杆膨胀伸长而使气门关闭不严。
② 排气门烧蚀或气门座烧蚀，引起排气门关闭不严。
③ 当缸内处于压缩行程时可燃混合气体漏入排气管，在排气管中与其他缸排出的火焰混合气产生燃烧而造成放炮。

3. 故障诊断

① 检查和调整排气门间隙。
② 更换排气门或气门座。

七、配气机构故障诊断与排除

（一）凸轮轴故障诊断与排除

1. 故障现象

在发动机上部发出节奏较钝重的"嗒嗒"声，中速时明显，高速时响声杂乱或消失。

2. 故障原因

① 凸轮轴轴向间隙过大，产生轴向窜动。
② 凸轮轴有弯、扭变形。
③ 凸轮工作表面磨损。
④ 凸轮轴轴颈磨损，径向间隙过大。

3. 故障诊断

① 检查凸轮轴轴向间隙。如果轴向间隙过大，则应更换止推板；严重时，应更换凸轮轴。
② 如果凸轮轴轴向间隙正常，则表明有凸轮轴扭曲变形、凸轮磨损或凸轮轴轴颈磨损

等不良现象。此时，应分解配气机构，查明具体原因，视情更换凸轮轴。

（二）气门故障诊断与排除

1. 气门异响

（1）故障现象

① 发动机怠速时，气缸盖罩内发出有节奏的"嗒嗒嗒"的响声。

② 发动机转速升高，响声增大。

③ 发动机温度变化或做断火试验，响声不变。

（2）故障原因

① 气门间隙调整不当。

② 气门杆尾端与气门间隙调整螺钉磨损。

③ 气门间隙调整螺钉的锁紧螺母松动。

④ 凸轮磨损或摇臂圆弧工作面磨损。

（3）故障诊断

① 拆下气缸盖罩，检查气门间隙调整螺钉的锁紧螺母是否松动；检查气门间隙值，并视情重新调整。

② 检查气门杆尾部端面和调整螺钉的磨损情况，必要时更换气门或调整螺钉。

③ 检查凸轮与摇臂圆弧工作面的磨损情况，视情更换凸轮轴或摇臂。

2. 气门间隙过大

（1）故障现象

行驶无力，同时伴有"嘭嘭"的响声，功率明显下降。

（2）故障原因

① 发动机怠速时，在气门室盖附近可以听到杂乱的"哒哒"声。

② 拆开空气滤清器能够听到"嘭嘭"的响声（非金属敲击声），用手捂住空气滤清器进气口，响声明显减弱，但却会出现"哒哒"声。

③ 路试，车辆行驶无力。

④ 断缸检查，无上缸迹象。

⑤ 气门间隙过大。

（3）故障诊断

调整气门间隙。

3. 气门间隙过小

（1）故障现象

① 发动机怠速运行平稳，也无杂声。

② 起动性能变差。

③ 汽车行驶无力。

④ 温度高时会出现不规则的进气回火、排气放炮。
⑤ 甚至会出现活塞撞击气门的响声。
（2）故障原因

间隙过小，会造成气缸密封不好，使功率下降，可根据故障现象进行判断，必要时可在发动机温度高时测量气缸压力，此时的气缸压力明显低于正常值。

（3）故障诊断

调整气门间隙，一般发动机都不允许气门间隙过小。

4. 排气门烧蚀

（1）故障现象
① 汽车行驶无力。
② 发动机抖动严重。
③ 排气管有"突突"的排气声。
④ 消声器处排出白色或灰色的烟雾。

（2）故障原因
① 气门间隙太小，气门受热膨胀后关闭不严。
② 气门杆与气门导管的间隙过大而摇晃。
③ 气门杆弯曲或气门头变形后而倾斜。
④ 气门杆积炭过多，使气门在气门导管内运动受阻滞。气门杆与气门导管的间隙过小，气门运动不灵活。
⑤ 发动机负荷重、温度高，气门又传热不良。
⑥ 气门座附近的冷却水套内因水垢等原因使冷却效果不良。
⑦ 气门材料和制造质量欠佳。

（3）故障诊断

根据故障现象，对发动机进行逐缸断火试验。当某缸断火后，转速无变化或变化不大，排气管"突突"的响声同时消失，即为该缸故障。为进一步确定排气门是否烧蚀，可对该缸再进行压力测试。查明故障原因并排除后，更换气门。

5. 进气门积炭和结胶

（1）故障现象
① 发动机运转不稳，抖动大。
② 起动性能变差。
③ 汽车行驶无力。
④ 发动机达到一定温度后，进气管发出尖锐的"喋喋"声响。
⑤ 排气声不均匀。
⑥ 进气歧管有过热烫手现象。
⑦ 严重时进气管有回火现象。

（2）故障原因
① 气门油封失效，机油进入气缸内燃烧产生大量胶、炭。

② 活塞与气缸的配合间隙过大。
③ 活塞环对口、弹性下降、开口间隙过大或方向装错。
④ 气门密封性降低，使机油窜入气缸燃烧。
⑤ 气门杆与气门导管磨损过量、间隙过大，以及气门关闭不严，使机油被吸入气缸。
⑥ 发动机低温运转时间过长。
⑦ 机油的质量欠佳或黏度过小，油底壳内机油液面过高，促使机油窜入燃烧室。
⑧ 使用含有多胶质的柴油，或柴油喷射时雾化不良，造成燃烧不完全。

(3) 故障诊断

① 气门积炭和结胶是指气门头、气门座圈、气门导管处聚集有不完全燃烧形成的炭渣、胶性物质。积炭会造成气门与气门座圈的密封锥面贴合不好，引起气门漏气和传热不良、气门烧蚀等不良现象。结胶严重时会使气门运动迟滞甚至卡在气门导管内而无法运动。

② 根据故障现象，对发动机进行逐缸断火试验，当某缸断火后，转速无变化或变化不大，进气管"喋喋"的声响消失，即为该缸故障。为进一步确定故障，也可对该缸再进行压力测试。

③ 根据上述故障，查明故障原因并排除。

④ 拆卸气门检查，如果气门没有损坏则可清除积炭，装复使用。

⑤ 如果故障较轻，则可不解体清除积炭，在油箱中按比例加入气缸清洗剂，汽车可正常运行。如果故障症状减轻，则可再清洗一次；如果无效则解体气缸盖，手工清除积炭。

⑥ 如果气门损坏或烧蚀，则应更换气门。

(三) 发动机正时故障诊断与排除

1. 故障现象

① 发动机怠速抖动大，无异响。
② 起动性能困难。
③ 汽车行驶无力。
④ 不规则的进气回火和排气放炮。

2. 故障原因

① 正时张紧器损坏，导致正时传动带或正时链条跳齿。
② 正时链条变长，跳齿。
③ 正时传动带长时间使用，磨损严重，导致正时传动带跳齿。

3. 故障诊断

拆卸正时链条或正时传动带外盖，目测正时链条或正时传动带是否有严重的磨损，按厂家维修手册的要求，对发动机进行正时校对，如正时不对，则需要将正时重新调整至维修手册要求；在调整发动机正时前，需要拆下正时张紧器检查是否有损坏。

（四）进气歧管故障诊断与排除

1. 故障现象

① 发动机动力不足。
② 起动困难。
③ 发动机抖动。
④ 急加速时有回火或放炮现象。
⑤ 严重时在进气管附近可听到"嘘嘘"的响声。

2. 故障原因

① 进气管漏气损坏。
② 密封垫老化。

3. 故障诊断

① 首先在进气管附近听诊是否有漏气"嘘——嘘——"的响声。
② 漏气部位在空气流量传感器（俗称空气流量计）前方，发动机通常没有故障现象，只是会增加发动机的磨损。
③ 漏气部位在空气流量传感器后方、节气阀前方，则发动机表现为动力不足、运行不平稳。
④ 漏气部位在节气阀后方，则发动机表现为起动困难、回火放炮等现象。

八、曲柄连杆机构故障诊断与排除

 （一）气缸压力故障诊断与排除

1. 气缸压力过高

（1）故障现象
① 发动机大负荷或急加速时出现爆燃响声。
② 发动机工作粗暴。
③ 活塞烧顶和火花塞烧蚀。
（2）故障原因
① 燃烧室内积炭过多。
② 气缸衬垫过薄。
③ 气缸体或气缸盖接合平面磨削过度。
④ 活塞不合格。
（3）故障诊断
① 在油箱中按比例加入发动机积炭清除剂，正常运行汽车 1~2 天，对气缸进行清洗或拆开气缸盖清除积炭。

② 测量气缸垫厚度，若不合格则进行更换。
③ 咨询车主是否磨过气缸盖或测量气缸盖厚度，不合格的进行更换或增加气缸盖厚度。
④ 检测活塞顶部至活塞销的尺寸是否合格，若不合格则更换活塞。

2. 气缸压力过低

（1）故障现象
① 发动机动力不足。
② 怠速不稳。
③ 发动机起动困难。
④ 发动机油耗超标。

（2）故障原因
① 气缸与活塞环和活塞磨损过大。
② 活塞环对口、卡死、折断。
③ 气缸壁拉伤。
④ 进、排气门与气门座密封不良。
⑤ 气缸垫烧蚀、松动、漏气。

（3）故障诊断
① 各气缸压力均低。各气缸压力基本一致，但普遍低于该地区原车规定标准的80%，这主要是由活塞环与气缸壁磨损过甚造成的。
② 个别气缸压力低。个别气缸压力低于标准，其主要原因有气缸壁拉伤、气门密封不严、气缸垫损坏等。
③ 相邻两缸压力低。相邻两缸压力低于规定，而且两缸压力相等或相近，其原因是两缸之间的衬垫损坏或气缸盖螺栓没有按规定的力矩拧紧。
④ 用气缸压力表测量气缸压力并记录，然后向该缸火花塞孔内注入20~30mL浓机油，旋转曲轴数圈后，重新测量气缸压力并记录。

a）如果重新测量的气缸压力比第一次高且接近于标准压力，则表明是气缸、活塞环、活塞磨损过大或活塞环对口、卡死、断裂及气缸壁拉伤等原因造成气缸不密封。

b）如果重新测量的气缸压力与第一次基本相同，即仍比标准压力低，则表明是进、排气门或气缸衬垫不密封。

c）如果两次检测某相邻两缸压力都相近，则说明是两缸相邻处的气缸衬垫烧损窜气。

采用测量气缸压力的方法可以粗略地对气缸活塞组不密封部位的故障进行分析与推断，但不能精确地确定具体部位故障。要精确地确定漏气部位，还需要根据发动机的运行状况分析。

> **注意：**
> 若进气管有回火或"冲冲"的响声，通常是进气门漏气。
> 若排气管有放炮或"叭叭"的响声，通常是排气门漏气。
> 若加机油口有强烈的窜气，通常是气缸和活塞环磨损。
> 若加机油口有脉冲状窜气，通常是活塞环折断或对口。
> 若冷却液剧烈沸腾冒泡，通常是气缸垫烧蚀。

（二）气缸垫故障诊断与排除

1. 故障现象

① 发动机怠速不稳。
② 冷却液温度高。
③ 机油中有冷却液或者冷却液中有机油。
④ 漏冷却液。
⑤ 漏发动机机油。

2. 故障原因

① 发动机经常超负荷工作，长时间产生爆燃，由于气缸内的局部压力和温度过高，容易冲坏气缸垫。
② 紧固气缸盖螺栓时没有按规定要求进行操作，各个螺栓的拧紧力矩不均匀，致使气缸垫没有平整地贴在气缸体与气缸盖的接合面上。
③ 气缸垫质量差。
④ 气缸盖翘曲变形。

3. 故障诊断

① 检查发动机机油中是否有冷却液。
② 检查冷却液中是否有机油。
③ 检查气缸垫处是否漏机油或冷却液。
④ 拆下气缸垫检查是否有变形。

（三）活塞环故障诊断与排除

1. 机油消耗异常

（1）故障现象
① 发动机功率下降。
② 排气管冒蓝烟。
③ 机油产生消耗，大车消耗量大于 0.3L/100km；小车消耗量大于 0.05L/100km。
（2）故障原因
① 烧机油。
② 发动机温度过高。
③ 机油过多。
④ 发动机工作不正常。
（3）故障诊断
① 活塞或气门间隙过大、活塞环开口对齐、气门油封老化、涡轮增压器泄漏等，会导

致发动机烧机油，将大大损耗机油。

② 发动机温度高，引起机油的温度过高与压力过高，机油黏度变低，使窜入燃烧室的机油增加，增加了机油的消耗量。

③ 发动机油底壳机油添加过多，使曲轴运转时飞溅到缸壁的机油过多，润滑油被吸入气缸燃烧，引起机油消耗。

④ 汽车严重超载、发动机长时间大负荷工作等，也会造成机油消耗量过大。

2. 发动机气缸窜气响

（1）故障现象

气缸窜气响是指气缸在做功行程中，气体从缸壁窜入曲轴箱而发出的响声。在怠速稍高时会发出轻微的"嚓嚓"响声，严重时会发出一种短促有节奏的敲击声，声调特征类似敲缸响，同时在加机油口有脉冲冒烟的现象。

（2）故障原因

活塞环"三隙"过大，活塞环开口重合，活塞环弹力过弱；气缸壁磨损过甚或拉出沟槽，活塞环卡死在环槽内；活塞失圆或气缸失圆。

（3）故障诊断

怠速稍高时响声有节奏感，加机油口处随响声出现有脉动的气体冲击；采取断油法检查，若"断油"或从喷油器孔往气缸加入少量机油，响声会减弱或消失，加机油口冒气明显减少，说明是该气缸漏气。

轻微窜气允许继续行驶；但如有严重的漏气声，则应检修发动机，查明原因予以排除，以免长期影响发动机的动力性和经济性；如果是因拉缸造成的漏气声，则必须及时排除。

九、发动机电控系统故障诊断与排除

（一）节气门故障诊断与排除

1. 故障现象

① 发动机故障灯点亮。
② 发动机怠速抖动和怠速不稳。
③ 低速熄火。
④ 操纵状态差，发动机加速不良、车辆无力。
⑤ 配置自动变速器的车辆会引起换档延迟、换档冲击大。

2. 故障原因

① 节气门位置传感器损坏。
② 节气门位置传感器线路接触不良、断路或短路。

③ 初始化位置不正确。
④ 节气门积炭过多。
⑤ 节气门伺服电机损坏。
⑥ 节气门伺服电机线路接触不良、断路或短路。
⑦ 发动机控制单元故障。

3. 故障诊断

采用故障诊断仪执行节气门检查，观察数据流，节气门开度较大时必须进行清洗，在无永久性故障码时一般无需更换。如果检测确定节气门故障是永久性的，则必须更换。若节气门不可拆卸维修，应更换总成。

（二）进气压力传感器故障诊断与排除

1. 故障现象

① 发动机怠速不稳。
② 发动机加速不良。
③ 发动机运转中进气管回火。
④ 排气管冒黑烟。

2. 故障原因

① 传感器内部故障。
② 传感器检测部位有污物。
③ 传感器线路接触不良、断路或短路。
④ 发动机控制单元故障。

3. 故障诊断

① 进气歧管压力传感器是集信号传感和信号放大于一体的部件，安装在进气歧管上（有的与空气流量计集成为一体，安装在空气滤清器壳体上）。它是由压力转换元件和把压力转换元件输出信号进行放大的集成电路组成的。

② 进气压力传感器发生故障，像真空泄漏一样，发动机不能得到正常操作所需的燃油量。

③ 发动机ECU使用进气歧管绝对压力传感器来确定大气压力。发动机ECU在燃油控制中使用大气压力来补偿海拔差异。

④ 进气压力传感器响应歧管内的真空变化。发动机ECU以信号电压的方式接收此变化信息，该信号电压将从怠速情况下节气门关闭时的1~1.5V变化至节气门全开时的4.5~5V。

⑤ 使用诊断仪读取发动机模块的故障码，判断故障码为偶发故障还是持续故障，如果是进气压力传感器持续性故障，则更换进气压力传感器。

⑥ 使用诊断仪读取进气压力传感器数据流，起动发动机观察进气压力的数据。

⑦ 拆下进气压力传感器，检查是否有损坏和堵塞。

⑧ 检查传感器线路，先目测检查进气歧管压力传感器的线路是否有断路、连接是否可靠。若无异常，可将插接器拔下，检查各端子是否存在锈蚀、氧化而导致的接触不良，如有，则应清洁后将其连接好试车。实践表明，由接线端子接触不良而导致的传感器信号异常是故障检测的重点之一。因此必须在各接线端子连接可靠的情况下，方可进行下一步故障检测。

⑨ 电源电压的检测。

a）拔下传感器上的插接器，接通点火开关，但不起动发动机，此时 ECU 将加给传感器电源端子 5V 左右的电压。

b）用万用表的一根表笔接电源端子，另一根表笔接地端子。

c）电压值若为 4.5~5.5V，说明电压值正常，应当将插接器插回传感器。

d）电压值为 0，将接地的表笔与车架搭铁，或通过导线与蓄电池负极接触。

e）电压值正常，应当检查接地端子通往 ECU 的导线。

f）若电压值仍为 0，测量 ECU 线束中的电源端子与接地端子的电压值。

g）电压值正常，说明 ECU 至传感器的电源线路断路，应予以修复或更换。

h）ECU 的电源端子与接地端子的电压值若为 0，说明故障在 ECU 或 ECU 搭铁不良。

⑩ 输出电压的检测。

接通点火开关，拆下连接进气歧管压力传感器与进气歧管的真空软管的一端；在大气压力下，测量 PIM（信号）端子与接地端子的电压值，应当在 3.3~3.9V 的范围内。

（三）空气流量计故障诊断与排除

1. 故障现象

① 发动机怠速不稳。
② 行驶无力并冒黑烟。
③ 加速性能下降，油耗量升高。
④ 急加速回火。
⑤ 有时出现窜动的现象。
⑥ 有时换档熄火。

2. 故障原因

① 空气流量计本身故障。
② 空气流量计线路接触不良、断路或短路。
③ 电控发动机出现混合气过浓、过稀造成的。

3. 故障诊断

① 质量空气流量计电压低于 0.2V 或高于 4.9V 达 3s，故障部位：质量空气流量计电路断路或短路、质量空气流量计、发动机控制模块（ECM）。

② 质量空气流量计电压低于 0.2V 达 3s，故障部位：质量空气流量计电路断路或短路、

质量空气流量计、ECM。

③ 质量空气流量计电压高于4.9V达3s，故障部位：质量空气流量计电路断路或短路、质量空气流量计、ECM。

（四）冷却液温度传感器故障诊断与排除

1. 故障现象

① 冷却液温度警告灯点亮。
② 冷却风扇高速常转。
③ 冷却液温度表指针直接指向最高位置。
④ 冷车起动困难。
⑤ 发动机怠速抖动。
⑥ 发动机加速不良。
⑦ 发动机加速无力。
⑧ 汽油消耗增加。
⑨ 排气管冒黑烟。

2. 故障原因

① 冷却液温度传感器损坏。
② 冷却液温度传感器检测头有污物。
③ 冷却液温度传感器线路接触不良、断路或短路。

3. 故障诊断

① 使用诊断仪读取发动机模块的故障码，判断故障码为偶发故障还是持续故障，如果是冷却液温度传感器持续性故障则更换冷却液温度传感器。

② 使用诊断仪读取进气压力传感器数据流，读取冷车时的冷却液温度和热车后的冷却液温度，并观察几分钟，观察冷却液温度是否正常、稳定，显示-40℃为断路，显示140℃或更高为短路。

③ 拆卸冷却液温度传感器，检查是否有损坏和污物。

④ 测量冷却液温度传感器，阻值会随温度升高而变小。冷却液温度在95℃时，传感器的阻值是120Ω；冷却液温度在108℃时，传感器的阻值是100Ω。

（五）凸轮轴调节阀故障诊断与排除

1. 故障现象

① 发动机怠速抖动。
② 发动机转速偏高。
③ 发动机起动困难。

④ 发动机加速不良。
⑤ 发动机故障灯点亮。

2. 故障原因

① 进气凸轮轴正时机油控制阀线路断路或短路。
② 进气凸轮轴正时机油控制阀失效。
③ 发动机 ECU 损坏。

3. 故障诊断

当发动机机油中的异物卡在系统的某些零件中时，可能会设定故障码 P0011 或 P0012。即使在短时间后系统恢复正常，故障码将保持设定。异物被机油滤清器滤除。

发动机怠速运转时，发动机 ECU 检查 VVT 学习值以监视进气凸轮轴位置和曲轴位置的相关性。根据凸轮轴位置和曲轴位置校正 VVT 的学习值。发动机怠速运转时，进气门正时设定在最大延迟角位置。如果在连续行驶周期中 VVT 学习值超出规定范围，那么发动机 ECU 将亮起 MIL 并设置故障码 P0016。

发动机怠速运转时，发动机 ECU 检查 VVT 学习值以监视排气凸轮轴位置和曲轴位置的相关性。根据凸轮轴位置和曲轴位置校正 VVT 的学习值。发动机怠速运转时，排气门正时设定在最大提前角度。如果在连续行驶周期中 VVT 学习值超出规定范围，那么发动机 ECU 将亮起 MIL 并设置故障码 P0017。

（六）凸轮轴位置传感器故障诊断与排除

1. 故障现象

① 发动机起动时间明显变长，可以起动。
② 发动机怠速不稳、抖动严重。
③ 发动机加速无力。
④ 油耗高、尾气排放超标、排气管会有难闻的黑烟。
⑤ 发动机故障灯点亮。

2. 故障原因

① 凸轮轴位置传感器损坏。
② 凸轮轴位置传感器线束插接器接触不良、断路或短路。
③ 发动机控制单元故障。

3. 故障诊断

进气凸轮轴的可变气门正时（VVT）传感器（G 信号）由磁铁和磁阻元件（MRE）组成。

VVT 凸轮轴主动齿轮有一个信号盘，信号盘的外圆周上有 3 个齿。齿轮旋转时，信号盘和耦合线圈间的气隙会发生改变，从而影响磁铁，MRE 的电阻也会因此发生波动。凸轮轴位置传感器将齿轮旋转数据转换为脉冲信号，并将这些脉冲信号发送到发动机 ECU 来确定凸轮轴角度。发动机 ECU 利用此数据来控制燃油喷射时间和喷油正时。

曲轴位置信号盘有 34 个齿。发动机每转一圈，耦合线圈产生 34 个信号。发动机 ECU 根据 G 信号和实际曲轴转角来检测正常的曲轴转角。发动机控制模块（ECM）还根据 NE 信号来检测发动机转速。

（七）曲轴位置传感器故障诊断与排除

1. 故障现象

发动机不能起动，没有喷油，也没有高压电。

2. 故障原因

① 曲轴位置传感器损坏。
② 曲轴位置传感器线路插接器接触不良、断路或短路。
③ 曲轴位置传感器安装不正确。
④ 发动机控制单元故障。

3. 故障诊断

曲轴位置传感器系统包括一个曲轴位置信号盘和一个耦合线圈。信号盘有 34 个齿，并安装在曲轴上。耦合线圈由缠绕的铜线、铁心和磁铁组成。

信号盘旋转时，随着每个齿经过耦合线圈，便产生一个脉冲信号。发动机每转一圈，耦合线圈产生 34 个信号。ECM 根据这些信号计算出曲轴位置和发动机转速。使用这些计算结果，可以控制燃油喷射时间和点火正时。

（八）爆燃传感器故障诊断与排除

1. 故障现象

① 发动机怠速抖动。
② 发动机产生噪声。
③ 发动机故障灯会亮起。
④ 发动机无力。
⑤ 严重时可能会导致固件损坏。

2. 故障原因

① 爆燃传感器损坏。
② 爆燃传感器线路接触不良、断路或短路。
③ 发动机控制单元故障。

3. 故障诊断

① 爆燃传感器安装在发动机缸体上，用于检测发动机爆燃。

② 爆燃传感器包含一个压电元件，它在变形时产生电压。

③ 在发动机缸体因爆燃而振动时，就会产生电压。任何发动机爆燃的发生都可以通过延迟点火时间加以抑制。

④ 使用诊断仪读取定格数据。存储故障码时，ECM 将车辆和驾驶条件信息记录为定格数据。进行故障排除时，定格数据有助于确定故障出现时车辆是运行还是停止、发动机是暖机还是冷机、空燃比是稀还是浓，以及其他数据。

（九）发动机控制单元故障诊断与排除

1. 故障现象

发动机起动困难、怠速不稳、动力性差、油耗增大及排放超标。

2. 故障原因

① 个别集成块老化、损坏，电阻、电容失效，固定脚螺栓松动及电子元件焊脚接头松脱。

② 发动机控制单元线束插接器接触不良、断路或短路。

3. 故障诊断

① 认真检查外电路，排除外电路故障，确认外电路正常之后方可对 ECU 进行检修。

② 检查 ECU 外部是否有损伤痕迹，固定是否牢固，焊锡（胶粘）是否密封可靠。

③ 检查线束接通情况，特别是电源线和搭铁是否正常。

④ 确认系统采用的 ECU 型号。

（十）发动机怠速抖动故障诊断与排除

1. 故障现象

发动机怠速抖动。

2. 故障原因

① 发动机进气系统故障。

② 发动机点火系统故障。

③ 发动机燃油系统供油不准。

④ 发动机机械故障。

⑤ 发动机电控故障。

3. 故障诊断

（1）发动机进气系统故障

① 进气管及各种阀的泄漏，常见的有进气歧管破裂、进气歧管密封不良、真空管脱落、PCV 阀/EGR 阀关闭不严等。例如在正常情况下，怠速控制阀的开度与进气量应严格遵循一

定的函数关系，即怠速阀开大进气量就增加。当空气供给系漏气时，则进气量与怠速控制阀的开度不能遵循原函数关系，以至空气流量计不能准确的测出真实的进气量，导致发动机电控单元（ECU）获得的近气量信号不准而误判，造成发动机怠速不稳。

② 怠速空气通道与节气门积垢过多，导致进气截面积发生变化，对怠速空气道控制失准，从而使进入气缸的空气量偏离正常值，造成混合气过浓或过稀，燃烧不正常，造成发动机怠速不稳。

③ 控制怠速的传感器及其他电路失常。如怠速开关不能闭合时，ECU错误判定发动机处于部分负荷，造成进气量控制错误；怠速阀由于油污、积炭而动作滞后或发卡，节气门关闭不严等都会造成ECU无法对发动机进行正确的怠速调节。另外，进气温度传感器、空气流量传感器、冷却液温度传感器及传感器电路短路、断路都会造成发动机怠速不稳。

（2）发动机点火系统故障

点火系统故障主要是高压火弱或火花塞并不点火，直接影响了气缸燃烧，造成各缸功率不同，从而使发动机怠速不稳。具体表现为：次级电压低；高压线漏电；高压线短路或内阻大；点火提前角不对；火花塞积炭、烧蚀；火花塞电极间隙不对；点火线圈损坏或点火控制电路故障；ECU故障。

（3）发动机燃油系统供油不准

导致燃油系统供油不准的故障有：喷油器泄漏或堵塞；燃油机电器损坏；燃油泵滤网堵塞、燃油泵安全阀弹簧弹力小或泵油压力不足；燃油滤清器堵塞；燃油压力调节器故障；燃油油质差；燃油管路变形。

例如，当喷油器雾化不良、滴漏时，相应缸的混合气混合不良，以致燃烧不良，各气缸功率不同，造成发动机怠速不稳。另外还会使氧传感器产生低电位信号，ECU会根据此信号加浓混合气，一旦增加的燃油量超出了设定的调节极限，ECU就会误认为氧传感器故障并记录故障码。

（4）发动机机械故障

① 凸轮轴凸轮严重磨损，加之磨损不一致，致使各气缸功率不同。

② 正时链条（带）松动或磨损，导致配气相位失准。

③ 气门相关部件失常，如气门推杆磨损、弯曲，气门卡死、漏气，气门弹簧折断和气门密封件破坏等。

④ 气缸垫烧蚀或损坏。

⑤ 活塞环端隙过大，活塞环对口、断裂。

⑥ 气缸磨损过度。

（5）发动机电控故障

发动机电控故障主要指与进气系统、燃油系统、点火系统等相关的电源电路或控制电路有接触不良的故障。通常会瞬间供油不足或点火不良，使各气缸内混合气燃烧不正常，从而致使各缸功率不同，如发动机ECU搭铁不良，电源电压超过9~16V，都会引起发动机故障。

4. 发动机怠速抖动不稳故障的检测步骤

① 起动发动机后,检查"检查发动机"警告灯是否熄灭。

② 如果警告灯没有熄灭,则根据故障码检查故障原因和部位。如果警告灯熄灭,则确定怠速匹配设定。

③ 检查是否缺缸、分缸线是否正确、接插件连接是否可靠。

④ 检查怠速执行装置是否正常。

⑤ 根据氧传感器信号电压判断怠速混合气过浓还是过稀。

⑥ 混合气过浓时,检测系统液压和各传感器是否正常,检查活性炭罐是否工作正常,检查燃油系统执行器是否工作正常,检查点火系是否工作正常。混合气过稀时,检测点火系统是否正常,检测系统油压是否正确,检查是否真空漏气,检测各传感器是否正常,检查喷油器、EGR 阀、气缸压力是否正常。

⑦ 检查发动机支架及缓冲橡胶垫是否损坏。

(十一)发动机动力不足、加速无力故障诊断与排除

1. 故障现象

发动机运转时,踩下加速踏板后其转速不能立即升高,加速反应迟缓;或在加速过程中出现发动机抖动、转速波动现象,有时伴随有回火、放炮现象。

2. 故障原因

加速无力的主要原因是混合气过稀、点火过迟或火花较弱。具体原因如下:

① 进气管漏气导致混合气过稀。

② 燃油压力低,喷油器、燃油滤清器堵塞导致喷油量少或油量增加迟缓。

③ 空气流量计、进气歧管绝对压力传感器、节气门位置传感器等信号失常,导致喷油量不增加或增加量少。

④ 传感器信号失常导致点火正时失准,点火过迟。

⑤ 火花塞、点火器或高压线不良导致高压火花弱。

⑥ 节气门体脏污。

⑦ 排气再循环系统工作不良。

⑧ 排气管堵塞。

⑨ 气缸压力偏低。

⑩ 涡轮增压系统故障。

3. 故障诊断

踩下加速踏板后,发动机转速略有波动而后立即上升,且能较长时间维持高速运转。这种情况通常是在加速瞬间出现了断火现象,故障在点火系统,应首先检查点火系统。

踩下加速踏板后,发动机转速不能立即上升反而下降,并有熄火征兆,且很难提升到高

速。这种情况多为混合气过稀及高压火花弱所致，也可能是排气管堵塞，其中以混合气过稀最为常见。此时，可在空气滤清器处或利用真空管向进气系统内喷入清洗剂（主要成分是汽油，起加浓作用），同时迅速开启节气门。若此时发动机转速可迅速提高则说明混合气过稀。

如果提高转速易熄火，且有时进气管回火，有时排气管放炮，则很可能为高压火花弱、加速断火，也可能为点火错乱。点火错乱引起加速时回火、放炮，同时怠速时发动机发抖，排气管有"突突"声，甚至怠速时放炮。如果怠速运转平稳，加速时回火、放炮，则通常是由高压火花弱或断火引起的。

如果发动机加速无力而又没有特别明显的症状特点，则通常按下列程序进行诊断：

① 使用故障诊断仪读取故障码及相关数据流，按故障码提示和动态数据查找故障原因。重点检查发动机加速过程中，空气流量计、进气压力传感器、节气门位置传感器、加速踏板位置传感器、喷油脉宽、点火提前角等参数的动态变化。

② 检查进气系统是否漏气，重点检查真空管及进气软管卡箍部位有无破损。可利用真空表检测进气歧管真空度，尤其是节气门开度增大时的真空度变化情况。

③ 检查节气门体，若有积炭脏污，则应进行清洗。

④ 清洗、装复节气门体后，必须使用诊断仪进行匹配设定（自适应）。

⑤ 用正时仪或故障诊断仪检查点火正时，主要是检查发动机怠速时的点火提前角及其在踩下加速踏板过程中的变化情况。怠速时点火提前角一般在 $10°\sim15°$，加速时应加大到 $20°\sim30°$。如有异常，则应检查调整发动机的初始点火提前角及其控制系统。

⑥ 测量各缸高压线电阻，若阻值过大或有漏电痕迹，则应更换。拆检各缸火花塞，检查其间隙及电极烧损情况，视情调整间隙或更换火花塞。用火花塞搭铁试火，观察火花能量，必要时可用点火示波器检查点火波形和点火能量。

⑦ 检查燃油压力。通常怠速时燃油压力应为 250kPa 左右，加速时应上升至 300kPa 左右（有些车型发动机燃油压力较高，具体数据参照原车维修手册）。如油压过低，则需检查油压调节器、燃油滤清器、燃油泵等。

⑧ 用气缸压力表检测气缸压缩压力，压力降低会导致发动机动力性下降。气缸压缩压力一般为 $1.1\sim1.3$MPa（参照维修手册数值），若实测值低于标准值，应检查并确定漏气部位，视情判断是否需要拆检发动机。

⑨ 检查喷油器的喷油量。可利用故障诊断仪检测喷油器的喷油脉宽或喷油量，尤其是加速时的喷油量（注意喷油器喷油量与各传感器信号的匹配情况）。拆卸各缸喷油器，检查有无堵塞或卡滞现象，视情清洗或更换喷油器。

⑩ 检查排气再循环系统的工作情况。

⑪ 检查排气管是否有堵塞现象。

⑫ 带有涡轮增压系统的发动机，要检查增压装置工作是否正常。

⑬ 检查发动机控制单元。重点检查插接器及导线，若怀疑控制单元损坏，通常采用换件试验法进行故障确认。

发动机动力不足、加速无力故障诊断流程如图 1-3 所示。

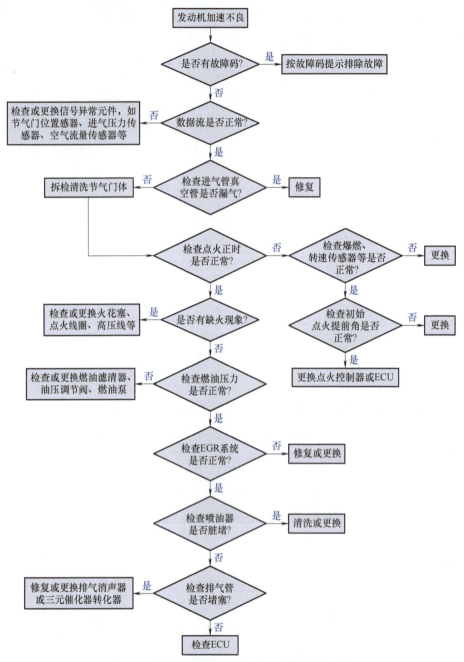

图 1-3 发动机动力不足、加速无力故障诊断流程

（十二）发动机冷车起动困难故障诊断与排除

1. 故障现象

冷起动困难。

2. 故障原因

① 发动机低温。
② 气门和进气道积炭过多。
③ 各缸工况不同。
④ 冷却液温度传感器失灵。
⑤ 混合比不合适。
⑥ 空气流量计脏污，导致进气量减小。
⑦ EGR 阀工作状况不好，在怠速时引入废气；怠速电动机控制旁通进气道，以调节进气量大小，如果电压低，则工作可能不到位。
⑧ 油品太差，达不到相应的热值，导致燃烧的功率输出偏小。
⑨ 冬季使用了高黏度的机油。
⑩ 进气系统、进气门根部的积炭过多，造成冷起动时的混合气浓度过稀。
⑪ 节气门脏污严重，进气量不足。
⑫ 起动机的转速达不到要求。
⑬ 蓄电池的连接导线接触电阻过大。
⑭ 蓄电池电量不足。
⑮ 变速器的润滑油黏度太大，造成发动机的运转阻力太大。
⑯ 发动机的气缸压缩压力不足。
⑰ 火花塞性能不良，产生不了足以击穿混合气的理想电火花。
⑱ 发动机冷却液温度传感器故障。

3. 故障诊断

（1）汽车冷起动困难的解决办法

首先检查一下节气门和怠速阀处是否积炭过多，积炭过多就容易造成怠速气道堵塞进而导致进气不畅。因此，如果积炭过多，则首先要进行积炭的清洗，再有就是检查发动机控制系统的冷却液温度传感器是否工作正常，上述两方面的问题都会导致发动机冷起动困难现象的发生。

低温时起动条件变差的原因有机油黏度大、起动转速降低、蓄电池离子浓度降低、转速降低、点火能量降低、分子活动降低、易燃混合气难以形成。可以踩住离合再进行点火。

（2）发动机冷车时起动困难，热车后起动正常故障检测方法

发动机冷车时起动困难，需要多次起动发动机才能工作，热车后起动正常。常见的原因是充气系数不足，发动机在冷车起动和暖机时怠速转速过低（冷车起动和暖机时需要高怠速保证运转平稳），应重点检查冷却液温度传感器是否失效，以及怠速步进电动机是否发生卡滞。

① 起动后观察发动机转速表。发动机冷却液温度在 40℃ 以下时，怠速转速应为 1500r/min；冷却液温度在 40~70℃ 时，怠速转速应为 1100r/min；冷却液温度达到 70℃ 后，恢复到正常怠速转速。若起动后发动机转速就为正常怠速转速，应先检查冷却液温度传感器。

② 起动后若发动机转速表显示的转速低于正常怠速转速，也有可能是旁通空气道内的怠速步进电动机卡滞，导致起动和暖机时旁通空气道不能开启。拆开空气滤清器和节气门之间的皱纹管（进气软管），检查节气门，如果节气门处有积炭，那么与它处于同一工作环境的旁通空气道内的怠速步进电动机处也一定有积炭，应使用节气门清洗剂清洗节气门（将节气门完全打开）和旁通空气道内的怠速步进电动机。清洗后反复用压缩空气吹，直至彻底吹干净为止，可排除故障。

③ 检查冷却液温度传感器。将冷却液温度传感器放入盛满水和冰块的容器中，加热容器中的水，分别在0℃、20℃、80℃、100℃和120℃时用万用表欧姆档测量传感器的电阻值，观察其电阻值变化的曲线是否与厂家规定相符。如果测量时传感器的电阻过大或过小，电阻值随温度变化的特性曲线与厂家的规定不符，则均需更换。

④ 读取数据流。将数据流显示的发动机冷却液温度和用红外线测温仪实际检测到的温度进行对比，如不符，则应更换冷却液温度传感器。

（十三）发动机冷车起动正常，热车起动困难故障诊断与排除

1. 故障现象

发动机冷车时起动正常，热车后起动困难。

2. 故障原因

① 喷油器滴漏。
② 炭罐内的空气滤清器堵塞。
③ 燃油保持压力过低。

3. 故障诊断

① 喷油器滴漏属于额外供油，因此喷油器滴漏越严重混合气就越浓。进行喷油器喷油检测，30s内各个喷油器滴漏不许超过1滴。更换滴漏的喷油器即可排除故障。

② 炭罐内的空气滤清器堵塞，使燃油箱内与大气的唯一通道关闭。随着箱内油液液面的降低，箱内真空度逐渐升高，燃油箱底在外界大气压力、内部燃油泵真空吸力的双重作用下变形，燃油箱底开始贴近燃油泵集滤器。热车熄火后重新起动时，因燃油泵集滤器部分进口被堵，导致热车后混合气过稀，起动困难。而长时间停车后，由于没有燃油泵真空吸力，燃油箱底会因弹性回到原来的位置，所以可正常起动。热车熄火后重新起动前打开燃油箱盖，若能正常起动，说明炭罐内的空气滤清器堵塞，更换炭罐即可排除故障。

③ 冷车起动正常，热车熄火后立即起动也正常，但热车熄火后过20min再起动就会起动困难，起动后还会出现怠速抖动。这说明燃油保持压力过低，热车后发动机的高温导致燃油管燃油蒸发，产生气阻。应进一步做燃油压力检测，找到燃油系统内部密封不良处。

④ 检查燃油压力方法：先将燃油压力表接入燃油管路中，然后起动发动机，测量燃油压力。如果燃油压力过高，则应更换压力调节器；压力过低时，可夹住回油软管，若燃油压力上升到正常值则说明燃油压力调节器损坏，否则可检查燃油泵和燃油滤清器。

（十四）发动机怠速过高故障诊断与排除

1. 故障现象

发动机怠速过高，转速在 1100r/min 以上。

2. 故障原因

进气温度传感器故障、冷却液温度传感器故障、节气门位置传感器故障、空气流量计或进气歧管绝对压力传感器故障、开关信号故障、怠速控制阀故障、节气门体故障、喷油器故障、真空漏气、发动机控制单元故障或匹配设定。

3. 故障诊断

① 检查节气门开度。对于大多数电控发动机来说，当发动机达到正常温度、怠速阀完全关闭时，基本怠速转速设为 (700 ± 50) r/min。如果基本怠速过高，则应检查系统的真空密封，特别是真空管、PVC 阀及曲轴箱等相关部分的密封情况。

② 检查发动机的负荷信号。接上怠速控制阀，在发动机正常工作温度下，其开度应在 15%~25% 之间。如果怠速控制阀开度过大，则应检查发动机负荷信号是否正常，如空调信号、蓄电池电压及冷却液温度传感器的温度值。

此时我们要注意以下几种情况：一是如果冷却液温度长时间过低，则发动机怠速转速将会偏高；二是如果蓄电池电压长时间过低，则发动机怠速转速也会偏高（如发电机传动带打滑造成充电不足，发动机起动后怠速转速偏高不下）；三是空调系统的空调开关信号不良、压力开关闭合等，同样会造成发动机怠速转速偏高。

③ 检查进气歧管的真空度。在发动机正常怠速工况时，进气歧管的真空度应为 57~71kPa。如果真空度过低，将会造成发动机进气系统压力信号异常，此时发动机 ECU 会误认为负荷增大，从而将怠速转速升高。

④ 对发动机 ECU 进行重新设定。所谓对发动机 ECU 进行重新设定，就是清除发动机 ECU 中的故障记忆，让其重新学习怠速。

⑤ 检查怠速时节气门是否完全关闭，节气门拉索有无卡滞。将节气门摇臂向关闭的方向扳动，如果发动机怠速能下降至正常转速，则说明节气门卡滞、关闭不严。节气门拉索卡滞应更换拉索，节气门轴卡滞应拆卸、清洗节气门体。

⑥ 重新调整怠速程序。按该发动机的规定程序重新调整怠速，如果调整无效，则应做进一步的检查。

⑦ 检查进气系统管接头、真空软管等处有无漏气。

⑧ 进行故障自诊断。如有故障码，则按显示的故障码查找故障原因。

⑨ 检查冷却液温度传感器。拔掉冷却液温度传感器线束插头后，若发动机怠速转速恢复正常，说明水温传感器有故障，向 ECU 输送过低的冷却液温度信号。值得注意的是，拔掉冷却液温度传感器插头后，发动机故障警告灯会点亮，此时 ECU 的失效保护功能起作用，自动将冷却液温度设定为 80℃；在重新插上冷却液温度传感器线束插头后，ECU 内仍会留

下冷却液温度传感器的故障码。对此，可连接检测仪将故障码消除掉，或者在发动机熄火后拆下发动机 ECU 熔丝约 30s，也可以消除 ECU 中的故障码。

⑩ 检查曲轴箱强制通风阀。用钳子将包上软布的曲轴箱强制通风阀软管夹紧，如果发动机怠速转速随之下降，则说明曲轴箱强制通风阀在怠速时漏气，使发动机的进气量过大，影响怠速转速，此时应更换曲轴箱强制通风阀。

⑪ 检查附加空气阀。用钳子将包上软布的附加空气阀进气软管夹紧，如果发动机怠速转速随之下降至正常转速，则说明附加空气阀热车后不能关闭，此时应检查附加空气阀的电源线路是否正常，如正常则应更换附加空气阀。

⑫ 检查怠速控制阀。拔下怠速控制阀线束插头，重新起动发动机，然后再插上怠速控制阀线束插头。如果发动机怠速转速随之变化，则说明怠速控制阀工作正常，否则应检查其控制线路或更换怠速控制阀。

⑬ 检查怠速自动控制系统。打开空调开关或转动方向盘，如果发动机怠速转速没有升高，则说明怠速自动控制系统有故障，应检查空调开关、动力转向器压力开关及怠速自动控制线路。

⑭ 测量发电机的充电电压，若低于 12V，则应检修发电机。

（十五）发动机怠速过低故障诊断与排除

1. 故障现象

① 发动机怠速低，比规定的转速低。
② 怠速抖动，怠速易熄火。

2. 故障原因

① 混合气过浓将使缸内燃烧不完全、不稳定，导致发动机动力下降。
② 混合气过稀将使缸内燃烧缓慢，以致不能燃烧而使发动机动力不足。
③ 混合气质量变差，同样使燃烧做功不足（如尾气渗漏、循环水渗漏、油质不佳）。
④ 混合气量值不足。

3. 故障诊断

（1）混合气过稀
① 系统油压过低。由于油压不足，在同样喷油脉宽下导致混合气变稀。
② 喷油器脏堵，喷油口不畅，不能按正确喷油量喷油。
③ 主要传感器信号偏低或不良使喷油量减小。
④ 对于 L 型发动机而言，由于真空漏气使多余气体未经计量而造成气多油少，混合气变稀。

（2）混合气不足
① 主气道不畅。空气滤清器脏堵严重时，将影响进气量。即使怠速执行器开量足够大时，由于空气受阻，进气量也显不足，此时混合气不是浓而是混合气量值不足。

② 旁通气道不畅。怠速工况的进气量完全在怠速执行器和怠速螺钉控制下，由于通道受阻或执行器工作不良（执行器损坏、卡滞、脏污）导致进气不足。

③ 执行器不工作。怠速开关信号不正确或执行器输出信号不良，将使执行器不工作，使怠速进气量无法调节，当执行器开度过小时会造成进气量不足。

(3) 怠速开关不闭合

怠速触点断开，ECU 便判定发动机处于部分负荷状态，此时 ECU 根据空气流量传感器和曲轴位置、转速信号确定喷油量和喷油时间。而此时发动机在怠速工况下工作，进气量较少，造成混合气过浓，转速上升。

当 ECU 收到氧传感器反馈的混合气过浓信号后，减少喷油量，增加怠速控制阀的开度，又造成混合气过稀，转速下降；当 ECU 收到氧传感器反馈的混合气过稀信号时，又增加喷油量，减小怠速控制阀的开度，又造成混合气过浓，转速上升。如此反复，使发动机怠速不稳。在怠速工况时开空调、转动方向盘、开前照灯均会增加发动机的负荷，为了防止发动机因负荷增大而熄火，ECU 会增大供油量来维持发动机的平衡运转。怠速触点断开，ECU 认为发动机不是处于怠速工况，就不会增大供油量，因而转速没有提升。

(4) 怠速控制不良

① 怠速开关信号不正确。电控单元没有接收到怠速信号，不做怠速控制，怠速执行器不受控制，其开量有可能过小使怠速过低。

② 怠速执行器工作不良。若执行器本身有故障或执行器输出信号不正确，都将使进气量控制受到影响，控制不良而导致进气量调节不良。

(5) 喷油器滴漏或堵塞

喷油器滴漏或堵塞，使其无法按照 ECU 的指令进行喷油，从而造成混合气过浓或过稀，使个别气缸工作不良，导致发动机怠速不稳。喷油器的堵塞引起的混合气过稀，还会使氧传感器产生低电位信号，ECU 会根据此信号发出加浓混合气的指令，在指令超出调控极限时，ECU 会误认为氧传感器存在故障，并记忆故障码。

(6) 怠速工况时 EGR 阀开启

EGR 阀只有在发动机中小负荷时才开启，EGR 的作用是使一部分废气进入燃烧室，降低燃烧室内的温度，减少 NO_x 的排放。但过多的废气参与燃烧，会影响混合气的着火性能，从而影响发动机的动力性，特别是在发动机怠速、低速和小负荷等工况时（这时 ECU 控制废气不参与燃烧，避免发动机性能受影响）。若 EGR 阀在发动机怠速时开启，使废气进入燃烧室参与燃烧，燃烧就变得不稳定，有时甚至失火。

(7) 其他因素引起汽车发动机怠速过低

① 缺缸。由于火花弱、喷油器堵塞或泄漏、气缸压力不足等原因造成某缸工作不良，导致发动机整体动力不足。

② 正时不准。若正时校正不准时，发动机各缸缸压均显过低，导致动力不足。

③ 点火过迟。使各缸均工作在不完全燃烧的状态下，发动机整体动力不足。最明显的实例，当用手转动分电器时会看到转速有明显的变化，称之为赶火。当向点火过早方向转动时转速明显升高，继续转动时，转速又会下降，同时有回火现象，说明点火过迟、过早均会影响发动机动力。

④ 排气受阻。当排气道中的三元催化剂严重烧蚀时，废气排出不畅，大量正压的尾气直接影响歧管内的真空度。真空度变低，喷油信号增大，同时尾气存留在歧管内，此时混合气变浓而且夹杂废气，使缸内燃烧不良，明显动力不足，其表现为转速过低。

（8）检查

① 检查进气系统各管路接头及各管路软管是否漏气，空气滤清器是否脏堵。

② 检查怠速阀。如果怠速阀内的旁气道因积炭过多而堵塞，则进气量减少，发动机转速降低。对于没有怠速阀的电子节气门，可能因节气门部位积炭而引起怠速进气量减少，造成怠速偏低。

③ 检查 EGR 系统。EGR 阀若在怠速时打开或者存在软管漏气，就会有废气进入进气歧管，从而可能使混合气中新鲜气体比例变小，怠速降低。

④ 检查燃油蒸发系统是否漏气。如果燃油蒸发系统与进气歧管间的软管漏气，则有更多的燃油参与燃烧，但进气量并没有增加，混合气过浓，燃烧效率下降，怠速不稳。

⑤ 检查燃油压力是否过低。若燃油压力过低，则燃油供应不足，怠速过低。

⑥ 检查喷油器工作是否正常。喷油器可能因为过脏而堵塞，会减小喷油量，使怠速过低。

⑦ 检查喷油器与 ECU 连接电路是否正常。若有一个喷油器线路有断路或虚接，导致喷油器不能喷油或不能正常喷油，就会使怠速过低。

⑧ 检查燃油是否受到污染。若燃油质量不好或受到污染，就会影响燃烧效果，燃烧能量下降，怠速过低。

⑨ 检查火花塞上是否有污物、裂纹、磨损，检查火花塞间隙是否正确、火花塞电极是否烧损或损坏，检查火花塞的热型是否正确。

⑩ 检查火花塞高压线是否漏电、窜火，布线是否正确，高压线电阻值是否在标准范围内。

⑪ 检查点火线圈是否开裂、积炭，初级、次级绕阻的电阻值是否在标准范围内。

⑫ 检查发动机控制模块和点火控制模块之间的信号接线是否连接良好，电源供给是否正常。

⑬ 检查冷却液温度传感器和进气温度传感器。

⑭ 检查气缸压力。若有气缸压力不足或气缸间压力差别过大，则会使发动机性能下降，怠速降低，运行不稳。

第二章 自动变速器故障诊断与排除

一、自动变速器常规检查

 （一）自动变速器油液检查

1. 变速器液面高度的检查

① 将汽车停放在水平地面平整的地方。
② 使发动机保持怠速运转 1min 以上，待油温正常。
③ 拉紧驻车制动器。
④ 将操纵手柄分别挂入各个档位，然后挂到 P 位。
⑤ 抽出油尺擦干。
⑥ 重新将油尺插入变速器内（注意要插到底）。
⑦ 抽出油尺，观察液面高度是否在正常的刻度线范围之内。

2. 油质的检查

油面高度检查后，抽出油尺，观察油滴颜色。

① 油液呈深褐色或深红色：没有及时更换变速器油；长期重负荷运转，某些零件打滑或损坏引起变速器过热。
② 油液中有金属：离合器、制动盘、单向离合器、轴承严重磨损。
③ 油尺上附有胶质油膏：变速器油温过高。
④ 油液有烧焦的味道：油温过高，油面过低；油液冷却器或管路堵塞。
⑤ 油液从加油口溢出：油面过高或通气孔堵塞。

（二）自动变速器时滞试验

1. 时滞试验的作用

在发动机怠速运转时将换档操纵手柄从空档（N）位置拨至前进档（D）或倒档（R）位置后，需要有一段短暂时间的迟滞或延时才能使自动变速器完成档位的结合（此时汽车会产生一个轻微的振动），这一短暂的时间称为自动变速器换档的迟滞时间。

时滞试验就是测出自动变速器的迟滞时间，根据迟滞时间的长短来判断主油路油压及换档执行元件的工作是否正常。迟滞时间的大小取决于自动变速器油路油压、油路密封情况以及离合器和制动器的磨损情况。

2. 时滞试验的方法

① 让汽车行驶，使发动机和自动变速器达到正常工作温度。
② 将汽车停放在水平地面上，拉紧驻车制动器。
③ 检查发动机怠速。如不正常，应按标准予以调整。
④ 将自动变速器换档操纵手柄从空档（N）位置拨至前进档（D）位置，用秒表测量从拨动换档操纵手柄开始到感觉到汽车振动为止所需的时间，称为 N→D 迟滞时间。
⑤ 将换档操纵手柄拨至空档（N）位置，让发动机怠速运转 1min 之后，再重复做一次同样的试验。
⑥ 做 3 次试验，取其平均值。
⑦ 按照上述方法，将换档操纵手柄由空档（N）位置拨至倒档（R）位置，测量 N→R 迟滞时间。

3. 检测结果分析

① 大部分自动变速器 N→D 迟滞时间在 1.0~1.2s 或更小，N→R 迟滞时间在 1.2~1.5s 或更小。
② 若 N→D 迟滞时间过长，则说明主油路油压过低，前进档离合器摩擦片磨损过甚或前进档单向超越离合器工作不良。
③ 若 N→R 迟滞时间过长，则说明倒档主油路油压过低，倒档离合器或倒档制动器磨损过甚或工作不良。

 （三）自动变速器失速试验

1. 失速试验的作用

在前进档或倒档时，同时踩下制动踏板和加速踏板，让发动机处于最大转矩工况下，涡轮因负载过大而停止转动，但泵轮和液力变矩器壳体随发动机一起转动，这种工况称为失速工况，此时发动机的最高转速为失速转速。失速试验可以检查发动机输出功率大小、液力变矩器性能好坏、油泵性能好坏、D 位 1 档和 R 位工作的离合器或制动器是否能正常工作，是进行故障分析、缩小故障范围的必要步骤。

2. 失速试验的方法

① 将汽车停放在宽阔的水平地面上，前后车轮安装车轮挡块。

② 确认汽车行车和驻车制动性能良好，然后拉紧驻车制动器，使车辆可靠驻车。

③ 自动变速器油的液位高度应正常，油温应在 75~90℃（若温度不够，可以让发动机怠速运转一段时间，在怠速期间把变速杆在档位之间来回拨动），油质正常。

④ 起动发动机，将换档操纵手柄换到前进 D 位。

⑤ 左脚踩下制动踏板的同时，右脚将加速踏板踩到底，待发动机转速不再升高时，迅速读取此时的发动机转速（不要超过 5s），此转速为自动变速器在 D 位的发动机失速转速，然后立即松开加速踏板。

⑥ 将变速杆拨入 P 位或 N 位，让发动机至少怠速运转 1min 以上，以防止因油温过高而使油液变质。

⑦ 将变速杆移动至 R 位，重复步骤⑤（此转速为自动变速器在 R 位的发动机失速转速）。

此试验的操作动作比较简单，但在车辆完全制动的情况下，液力变矩器的涡轮和变速器的输入轴及变速器的输出轴都是静止不动的，当挂入行驶档位并且完全踩下加速踏板时，只有液力变矩器壳及泵轮随发动机同步转动。此时变速器内部承受的转矩很大，自动变速器油的温度急剧上升，因此在失速试验中，一定要注意每次试验的时间不超过 5s，每个档位进行 3 次试验，取平均值，每两次试验之间要让发动机怠速运转 1min 以上。

3. 检测结果分析

影响失速转速的因素较多，不同厂家生产的发动机、不同型号的发动机或不同型号的变矩器的失速转速均不同，在进行失速试验前应了解该自动变速器的失速转速标准，该标准一般是一个范围，而并非某一确定的值。

① 当在 D 位与 R 位读取的自动变速器的失速转速与该自动变速器给定的标准失速转速相符时，则系统正常。当在 D 位与 R 位读取的自动变速器的失速转速比该自动变速器给定的标准失速转速低或高时，则可判断系统存在故障。

② 失速转速过低。由于自动变速器的输出轴被强行制动，发动机输出的机械能转换成自动变速器油的内能，发动机根据变矩器内油的热容量和变速器的阻力维持一定的转速。如果失速转速低于规定的标准范围，那么就有可能是发动机动力不足或是液力变矩器在动力传递方面出现故障。为进一步确定故障是在发动机上还是在液力变矩器内，可将变速杆置于 P 位或 N 位，让液力变矩器的涡轮卸荷，然后猛踩加速踏板，让发动机转速急剧上升，如果此时发动机转速能随节气门开度的变化而急剧上升，就说明发动机的动力性很好，问题不在发动机上而在液力变矩器内。如果汽车在行驶中出现加速不良，而高档位行驶时却又正常，则可判定是液力变矩器内用于固定导轮的单向离合器打滑，不能在自动变速器油的冲击下固定不动，导致发动机输出功率损失，为什么高档位又正常了呢？那是因为在高档位时，液力变矩器内的锁止离合器进行了锁止，动力直接传递给变速器。如果汽车在低档位行驶时正常，高档位（锁止离合器锁止之前的档位）行驶时动力不足，则可能是液力变矩器导轮的

单向离合器卡死，导致导轮不能在自动变速器油的冲击下转动，致使发动机输出功率损失。如果自动变速器的失速转速明显低于规定值 600r/min 或更多，则说明液力变矩器可能严重失效，需及时更换。

③ 失速转速过高。引起发动机失速转速过高的主要原因是涡轮上的阻力变小，也就是一些换档执行元件的故障，不能可靠地传递动力或锁止而导致涡轮上的阻力变小，涡轮开始旋转。这种情况需要对照自动变速器的换档执行元件工作表来进行分析，从而判断是哪些换档执行元件不能正常工作导致涡轮开始旋转。

二、自动变速器常见故障诊断与排除

（一）自动变速器打滑故障诊断与排除

1. 故障现象

① 起步时踩下加速踏板，发动机转速升高很快但车速升高很慢。
② 行驶时踩下加速踏板加速，发动机转速升高但车速没有很快提高。
③ 平路行驶正常，但上坡无力，且发动机转速很高。

2. 故障原因

① 液压油油面太低。
② 液压油油面太高，运转中被行星排剧烈搅动后产生大量气泡。
③ 离合器或制动器摩擦片、制动带磨损过甚或烧焦。
④ 油泵磨损过甚或主油路泄漏，造成油路油压过低。
⑤ 单向超越离合器打滑。
⑥ 离合器或制动器活塞密封圈损坏，导致漏油。
⑦ 减振器活塞密封圈损坏，导致漏油。

3. 故障诊断

① 对于出现打滑现象的自动变速器，应先检查其液压油的油面高度。若油面过低或过高，应先调整至正常后再做检查。若油面调整正常后自动变速器不再打滑，可不必拆修自动变速器。

② 检查液压油的品质。若液压油呈棕黑色或有烧焦味，说明离合器或制动器的摩擦片或制动带已烧焦，应拆修自动变速器。

③ 做路试，以确定自动变速器是否打滑，并检查出现打滑的档位和打滑的程度。将变速杆拨入不同的位置，让汽车行驶。若自动变速器升至某一档位时发动机转速突然升高，但车速没有相应地提高，即说明该档位有打滑。打滑时发动机的转速越容易升高，说明打滑越严重。

自动变速器打滑故障诊断流程如图 2-1 所示。

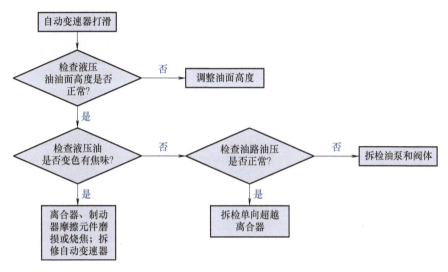

图 2-1　自动变速器打滑故障诊断流程

（二）自动变速器换档冲击过大故障诊断与排除

1. 故障现象

① 起步中由停车档或空档挂入倒档或前进档时，汽车振动较严重。
② 行驶中，在自动变速器某个档位或全部档位升档的瞬间，汽车有较明显的冲击。

2. 故障原因

① 发动机怠速过高。
② 节气门拉索或节气门位置传感器调整不当。
③ 升档过迟。
④ 主调压阀故障。
⑤ 换档执行元件打滑。
⑥ 油压电磁阀不工作。
⑦ ECU 故障。

3. 故障诊断

① 检查发动机怠速。装用自动变速器的汽车的发动机怠速一般为 750r/min 左右，若怠速过高，应按标准予以调整。
② 检查节气门拉索或节气门位置传感器的调整情况。如不符合标准，则应重新调整。
③ 检查真空式节气门阀的真空软管。如有破裂，则应更换；如有松脱，则应重新连接。
④ 做道路试验。如果有升档过迟的现象，则说明换档冲击大的故障是升档过迟所致。如果在升档之前发动机转速异常升高，导致在升档的瞬间有较大的换档冲击，则说明离合器

或制动器打滑，应分解自动变速器，予以修理。

⑤ 检测主油路油压。如果怠速时的主油路油压高，则说明主油路调压阀或节气门阀有故障，可能是调压弹簧的预紧力过大或阀芯卡滞所致；如果怠速时主油路油压正常，但起步进档时有较大的冲击，则说明前进离合器或倒档及高档离合器的进油单向阀阀球损坏或漏装。对此，应拆卸阀板，予以修理。

⑥ 检测换档时的主油路油压。在正常情况下，换档时的主油路油压会有瞬时的下降。如果换档时主油路油压没有下降，则说明减振器活塞卡滞。对此，应拆检阀板和减振器。

⑦ 电子控制。自动变速器如果出现换档冲击过大的故障，应检查油压电磁阀的线路以及油压电磁阀工作是否正常、ECU 是否在换档的瞬间向油压电磁阀发出控制信号。如果线路有故障，应予以修复；如果电磁阀损坏，则应更换电磁阀；如果 ECU 在换档的瞬间没有向油压电磁阀发出控制信号，则说明 ECU 有故障，对此，应更换 ECU。

（三）自动变速器升档过迟故障诊断与排除

1. 故障现象

① 在汽车行驶时，升档车速明显高于标准值，升档前发动机转速偏高。
② 须采用松加速踏板提前升档的方法才能使自动变速器升入高档或超速档。

2. 故障原因

① 节气门拉索或节气门位置传感器调整不当。
② 调速器存在故障。
③ 输出轴上调速器进出油孔的密封圈损坏。
④ 真空式节气门阀推杆调整不当。
⑤ 真空式节气门阀的真空软管或真空膜片漏气。
⑥ 主油路油压或节气门油压太高。
⑦ 强制降档开关短路。
⑧ 传感器故障。

3. 故障诊断

① 电控自动变速器应进行故障诊断。检查、调整节气门拉索或节气门位置传感器，测量节气门位置传感器电阻，如不符合标准则应更换。

② 采用真空式节气门阀的自动变速器，应检查真空软管是否漏气。检查强制降档开关是否短路。

③ 测量怠速主油路油压，若油压太高，则应通过节气门拉索或节气门位置传感器予以调整。

④ 采用真空式节气门阀的自动变速器，应用减少节气门阀推杆长度的方法进行调整。若以上调整无效，则应拆检油压阀或节气门阀。

⑤ 测量调速器油压，调速器油压应随车速的升高而增大。将不同转速下测得的调速器

油压与规定值比较，若油压太低，则说明调速器存在故障或调速器油路存在泄漏。

⑥ 此时应拆检自动变速器，检查调速器固定螺钉是否松动，调速器油路密封环是否损坏，阀芯是否卡滞或磨损过度。如果调速器油压正常，那么升档缓慢的原因可能是换档阀工作不良。应拆卸阀体进行检查，必要时进行更换。

（四）自动变速器不能升档故障诊断与排除

1. 故障现象

① 行驶途中自动变速器只能升1档，不能升2档及高速档。
② 可以升2档，但不能升3档或超速档。

2. 故障原因

① 节气门拉索或节气门位置传感器调整不当。
② 调速器存在故障，调速器油路漏油。
③ 车速传感器故障。
④ 2档制动器或高档离合器存在故障。
⑤ 换档阀卡滞或档位开关故障。

3. 故障诊断

① 电控自动变速器应先进行故障诊断。检查调整节气门拉索和节气门位置传感器；检查车速传感器；检查档位开关信号。
② 测量调速器油压，如果车速升高后调速器油压为0或很低，则说明调速器有故障或漏油。
③ 如果控制系统无故障，则应拆检自动变速器，检查换档执行组件是否打滑。
④ 用压缩空气检查各离合器、制动器油缸或活塞有无泄漏。

（五）汽车不能行驶故障诊断与排除

1. 故障现象

① 无论变速杆放到哪个位置，汽车都不能行驶。
② 冷车时可行驶一段路程，热车后汽车便不能行驶。

2. 故障原因

① 无自动变速器油。
② 变速杆与手动阀之间的连接松动，手动阀保持在空档位置。
③ 油泵仅有滤网堵塞。
④ 主油路严重堵塞。
⑤ 油泵损坏。

3. 故障诊断

① 检查自动变速器内有无液压油。拔出自动变速器的油尺，观察油尺上有无液压油。若油尺上没有液压油，说明自动变速器内的液压油已漏光。对此，应检查油底壳，观察液压油散热器、油管等处有无破损而导致漏油。如有严重漏油处，则应修复后重新加油。

② 检查自动变速器变速杆与手动阀摇臂之间的连杆或拉索有无松脱。如果有松脱，则应予以修复，并重新调整好变速杆的位置。

③ 拆下主油路测压孔上的螺塞，起动发动机，将变速杆拨至前进档或倒档位置，检查测压孔内有无液压油流出。

④ 若主油路测压孔内没有液压油流出，应打开油底壳，检查手动阀摇臂轴与摇臂间有无松脱，手动阀阀芯有无折断或脱钩。若手动阀工作正常，则说明油泵损坏。对此，应拆卸分解自动变速器，更换油泵。

⑤ 若主油路测压孔内只有少量液压油流出，油压很低或基本上没有油压，应打开油底壳，检查油泵进油滤网有无堵塞。如无堵塞，则说明油泵损坏或主油路严重泄漏，对此，应拆卸分解自动变速器，予以修理。

⑥ 若冷车起动时主油路有一定的油压，但热车后油压即明显下降，则说明油泵磨损过甚。对此，应更换油泵。

⑦ 若测压孔内有大量液压油喷出，说明主油路油压正常，故障出在自动变速器中的输入轴、行星排或输出轴。对此，应拆检自动变速器。

汽车不能行驶故障诊断流程如图2-2所示。

（六）前进档不能行驶故障诊断与排除

1. 故障现象

① 倒档正常，但在D位时不能行驶。
② 在D位时汽车不能起步，在S、L位（或2、1位）时可以起步。

2. 故障原因

① 前进离合器打滑。
② 前进单向超越离合器打滑。
③ 前进离合器油路泄漏。
④ 变速杆调整不当。

3. 故障诊断

① 检查调整变速杆位置。
② 测量前进档主油路油压。若油压太低（说明主油路油压低），则拆检自动变速器，更换前进档油路上各处密封圈。
③ 检查前进档离合器，如果摩擦片烧损或磨损过度则应更换。
④ 若主油路油压和前进离合器均正常，则应拆检前进单向超越离合器。

前进档不能行驶故障诊断流程如图2-3所示。

第二章　自动变速器故障诊断与排除 | 59

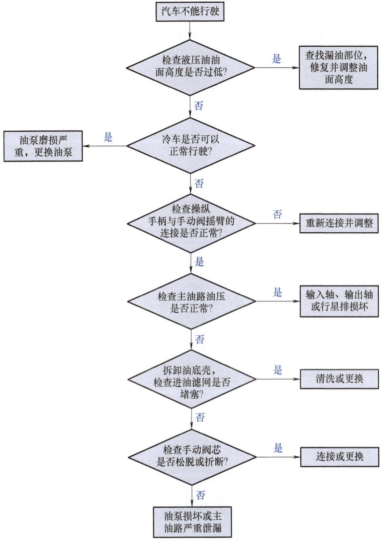

图 2-2　汽车不能行驶故障诊断流程

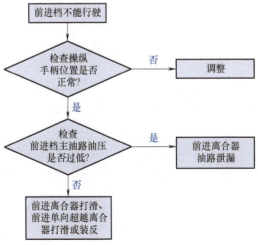

图 2-3　前进档不能行驶故障诊断流程

(七)倒档不能行驶故障诊断与排除

1. 故障现象

汽车在前进档能行驶而倒档不能行驶。

2. 故障原因

① 变速杆调整不当。
② 倒档油路泄漏。
③ 倒档及高档离合器或低档及倒档制动器打滑。

3. 故障诊断

① 检查并调整变速杆位置。
② 检查倒档油路油压。若油压太低,则说明倒档油路泄漏,应拆检自动变速器。
③ 如果倒档油路油压正常,则应拆检自动变速器,更换损坏的离合器或制动器摩擦片或制动带。

倒档不能行驶故障诊断流程如图 2-4 所示。

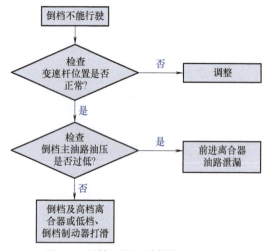

图 2-4 倒档不能行驶故障诊断流程

 (八)自动变速器跳档故障诊断与排除

1. 故障现象

汽车行驶中,自动变速器出现突然降档现象,降档后发动机转速升高,并产生换档冲击。

2. 故障原因

① 节气门位置传感器故障。

② 车速传感器故障。
③ 控制系统电路故障。
④ 换档电磁阀接触不良。
⑤ 电控单元故障。

3. 故障诊断

① 对电控自动变速器进行故障诊断。
② 测量节气门位置传感器。
③ 测量车速传感器。
④ 拆下自动变速器油底壳,检查电磁阀连接线路端子情况。
⑤ 检查控制系统各接线端子电压。

(九) 自动变速器液力变矩器离合器无锁止故障诊断与排除

1. 故障现象

汽车行驶中,车速、档位已经满足离合器锁止条件,但锁止离合器仍没有锁止作用;油耗增大。

2. 故障原因

① 锁止电磁阀故障。
② 锁止控制阀故障。
③ 变矩器中锁止离合器损坏。

3. 故障诊断

无锁止故障诊断流程如图 2-5 所示。

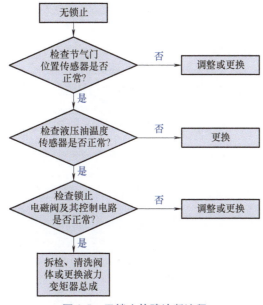

图 2-5　无锁止故障诊断流程

（十）自动变速器无发动机制动故障诊断与排除

1. 故障现象

① 汽车行驶中，当变速杆位于 2、1 档或 S、L 位时，松开加速踏板，发动机转速降至怠速，但汽车减速不明显。

② 下坡时，自动变速器在前进低档，但不能产生发动机制动作用。

2. 故障原因

① 变速杆位置调整不当。

② 档位开关调整不当。

③ 2 档强制制动器打滑或低档及倒档制动器打滑。

④ 控制发动机制动的电磁阀故障。

⑤ 阀体故障。

⑥ 自动变速器故障。

3. 故障诊断

① 对电控自动变速器进行故障诊断。

② 路试检查自动变速器有无打滑现象。如果变速杆在 S 位时没有发动机制动作用，而在 L 位时有发动机制动作用，则说明 2 档强制制动器打滑。如果变速杆在 L 位时没有发动机制动作用，而在 S 位时有发动机制动作用，则说明低档及倒档制动器打滑。

③ 检查控制发动机制动作用的电磁阀是否存在故障。拆检阀体，清洗所有控制阀。检查电控单元各接线端子电压。

④ 如果正常，则再检查各个传感器电压。更换新的电控单元重新试验，如果故障消失，则说明电控单元损坏。

无发动机制动故障诊断流程如图 2-6 所示。

（十一）自动变速器无超速档故障诊断与排除

1. 故障现象

① 汽车行驶中，不能从 3 档升入超速档。

② 车速已达到超速档工作范围，采用松加速踏板几秒钟再踩下加速踏板的方法，自动变速器也不能升入超速档。

2. 故障原因

① 超速档开关故障。

② 超速制动器打滑。

③ 超速行星排上的直接离合器或直接单向超越离合器故障。

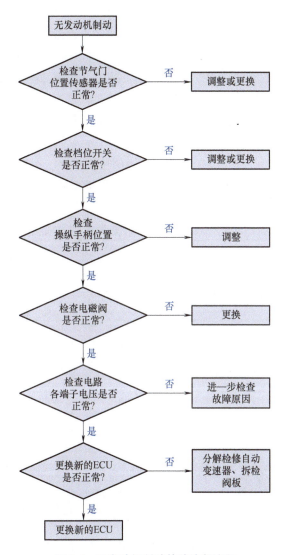

图 2-6　无发动机制动故障诊断流程

④ 档位开关故障。
⑤ 液压油温度传感器故障。
⑥ 节气门位置传感器故障。
⑦ 3—4 换档阀卡滞。
⑧ 超速电磁阀故障。

3. 故障诊断

① 对电控系统自动变速器进行故障诊断,检查有无故障码输出。
② 检查液压油温度传感器电阻值。
③ 检查档位开关和节气门位置传感器的输出信号。档位开关、信号应与变速杆的位置相符,节气门位置传感器输出电压应与节气门的开度成正比。

④ 检查超速档开关。在 ON 位时，超速档开关触点应断开，指示灯不亮；在 OFF 位时，超速档开关触点应闭合，指示灯应亮。否则检查超速档电路或更换超速档开关。

⑤ 检查超速档电磁阀的工作情况。

a）打开点火开关，不起动发动机，按下 O/D 开关，超速档电磁阀应有接合声音。若无接合声音，应检查控制电路或更换电磁阀。

b）用举升器举起车辆，使四轮悬空。起动发动机，使自动变速器在 D 位工作，检查在无负荷状态下自动变速器升档情况。

c）如果能升入超速档，并且车速正常，则说明控制系统工作正常。

d）如果能升入超速档，而升档后车速提不高、发动机转速下降，则说明超速行星排中直接离合器或直接单向超越离合器故障。

e）如果在无负荷情况下不能升入超速档，则说明控制系统存在故障，应拆检阀体，检查 3—4 换档阀。

（十二）自动变速器异响故障诊断与排除

1. 故障现象

在汽车行驶过程中，自动变速器内始终有异响声；汽车行驶中自动变速器有异响，停车挂空档后异响消失。

2. 故障原因

① 油泵故障。
② 锁止离合器、导轮单向离合器故障。
③ 行星齿轮机构故障。

3. 故障诊断

① 油泵因磨损过甚或自动变速器油面高度过低、过高而产生异响。
② 液力变矩器因锁止离合器、导轮单向离合器等损坏而产生异响。
③ 行星齿轮机构异响。

（十三）自动变速器油易变质故障诊断与排除

1. 故障现象

更换后的新自动变速器油使用不久变质；自动变速器温度太高，从加油口处向外冒烟。

2. 故障原因

① 汽车使用不当，经常超负荷行驶，如经常用于拖车或经常急加速、超速档行驶等。
② 自动变速器油散热器管路堵塞。
③ 通往自动变速器油散热器的限压阀卡滞。

④ 离合器或制动器自由间隙太大。
⑤ 主油路油压太低，离合器或制动器在工作中打滑。

3. 故障诊断

① 对车辆进行详细检查，如果出现变速器内部故障，则需要维修或更换。
② 检查管路是否堵塞，如果出现堵塞，则更换管路。
③ 检查散热器的限压阀是否出现故障，如果出现，则维修或更换限压阀。
④ 检查离合器和制动器的间隙，如果间隙过大，则进行维修或更换。
⑤ 测量油压，如果主油路油压过低，则对变速器进行维修。

第三章 手动变速器故障诊断与排除

一、变速器故障诊断与排除

（一）手动变速器脱档故障诊断与排除

1. 故障现象

汽车在加速、减速、爬坡或剧烈振动时,变速杆自动跳回空档位置。

2. 故障原因

① 自锁装置的钢球未进入凹槽内或挂档后齿轮未达到全齿长啮合。

② 自锁装置的钢球或凹槽磨损严重,自锁弹簧疲劳或折断。

③ 齿轮沿齿长方向磨损成锥形。

④ 一、二轴轴承过于松旷,使一、二轴和曲轴三者轴线不同心或变速器壳与离合器壳接合平面相对曲轴轴线的位置变动。

⑤ 二轴上的常啮合齿轮轴向或径向间隙过大。

⑥ 各轴轴向或径向间隙过大。

3. 故障诊断

先确定跳档档位,走热全车后,采用连续加、减速的方法逐档进行路试便可确定。将变速杆挂入跳档档位,发动机熄火,小心拆下变速器盖,观察跳档齿轮的啮合情况。

① 未达到全长啮合,则故障由此引起。

② 达到全长啮合,应继续检查。

③ 检查啮合部位磨损情况:磨损成锥形,则故障可能由此引起。

④ 检查二轴上该档齿轮和各轴的轴向与径向间隙,间隙过大,则故障可能由此引起。

⑤ 检查自锁装置,若自锁装置的止动阻力很小,甚至手感钢球未插入凹槽(把变速器盖夹在台虎钳上,用手摇动变速杆),则故障为自锁效能不良;否则,故障为离合器壳与变

速器壳接合平面相对曲轴轴线位置变动等引起。

（二）手动变速器乱档故障诊断与排除

1. 故障现象

在离合器状况正常的情况下，变速器同时挂上两个档或挂需要档位时，挂入别的档位。

2. 故障原因

① 互锁装置失效，如拨叉轴、互锁销或互锁钢球磨损过甚等。
② 变速杆下端弧形工作面磨损过大或拨叉轴上拨块的凹槽磨损过大。
③ 变速杆球头定位销折断或球孔、球头磨损过于松旷。
总之，乱档的主要原因是变速器操纵机构失效。

3. 故障诊断

① 挂需要档位时，结果挂入了别的档位：摇动变速杆，检查其摆转角度，若超出正常范围，则故障由变速杆下端球头定位销与定位槽配合松旷或球头、球孔磨损过大引起；若变速杆摆转360°，则为定位销折断。
② 若摆转角度正常但仍挂不上或摘不下档，则故障由变速杆下端从凹槽中脱出引起（脱出的原因是下端弧形工作面磨损或导槽磨损）。
③ 同时挂入两个档，则故障由互锁装置失效引起。

（三）手动变速器挂档困难故障诊断与排除

1. 故障现象

离合器状况良好，但挂档时不能顺利挂入档位，常发出齿轮撞击声。

2. 故障原因

① 同步器故障。
② 拨叉轴弯曲、锁紧弹簧过硬、钢球损伤等。
③ 一轴花键损伤或一轴弯曲。
④ 齿轮油不足或过量、齿轮油不符合规格。

3. 故障诊断

① 检查同步器是否散架、锥环内锥面螺旋槽是否磨损、滑块是否磨损、弹簧是否过软等。
② 如果同步器正常，则检查一轴是否弯曲、花键是否磨损严重。
③ 检查拨叉轴是否移动正常。

（四）手动变速器异响故障诊断与排除

1. 故障现象

变速器工作时发出不正常响声。

2. 故障原因

① 齿轮异响：齿轮磨损过甚变薄，间隙过大，运转中有冲击；齿面啮合不良，如修理时没有成对更换齿轮，新、旧齿轮搭配，齿轮不能正确啮合；齿面金属疲劳剥落或个别齿损坏折断；齿轮与轴上的花键配合松旷，或齿轮的轴向间隙过大；轴弯曲或轴承松旷引起齿轮啮合间隙改变。

② 轴承异响：轴承磨损严重；轴承内（外）座圈与轴颈（孔）配合松动；轴承滚珠碎裂或有烧蚀麻点。

③ 其他原因异响：如变速器内缺油，润滑油过稀、过稠或质量变坏；变速器内掉入异物；某些紧固螺栓松动等。

3. 故障诊断

① 变速器发出金属干摩擦声，即为缺油和油的质量不好，应加油和检查油的质量，必要时更换。

② 若行驶时换入某档响声明显，即为该档齿轮轮齿磨损；若发生周期性的响声，则为个别齿损坏。

③ 空档时响，而踩下离合器踏板后响声消失，一般为一轴前、后轴承或常啮合齿轮响；如换入任何档都响，多为二轴后轴承响。

④ 变速器工作时发生突然撞击声，多为轮齿断裂，应及时拆下变速器盖检查，以防机件损坏。

⑤ 行驶时，变速器只有在换入某档时齿轮发响，在上述检查没有问题的前提下，应检查啮合齿轮是否搭配不当，必要时应重新装配一对新齿轮。此外，也可能是同步器齿轮磨损或损坏，应视情修复或更换。

⑥ 换档时齿轮相撞击而发响，则可能的原因是离合器不能分离或离合器踏板行程不正确、同步器损坏、怠速过大、变速杆调整不当或导向衬套紧等。遇到这种情况，先检查离合器能否分离，再分别调整怠速或变速杆位置，检查导向衬套与分离轴承配合的松紧度。

如经上述检修后，变速器仍发响，则应检查各轴轴承与轴承孔配合情况、轴承本身的技术状态等。

（五）手动变速器漏油故障诊断与排除

1. 故障现象

变速器周围出现齿轮润滑油，变速器齿轮箱的油量减少，则可判断为润滑油泄漏。

2. 故障原因

① 传动轴油封漏油。
② 变速杆油封漏油。
③ 变速器漏油。

3. 故障诊断

① 润滑油选用不当，产生过多泡沫，或润滑油量太多，此时需更换润滑油或调节润滑油油量。
② 侧盖太松，密封垫和油封损坏，应更换新件。
③ 放油塞和变速器箱体及盖的固定螺栓松动，应按规定力矩拧紧。
④ 变速器壳体破裂或油封磨损而引起漏油，必须更换新件。
⑤ 变速杆油封漏油，应更换油封。

二、离合器故障诊断与排除

（一）离合器打滑故障诊断与排除

1. 故障现象

汽车用低速档起步时，放松离合器踏板后不能起步或起步困难；汽车加速行驶时，车速不能随发动机转速的提高而提高，感到行驶无力，严重时产生焦糊味或冒烟等现象。

2. 故障原因

① 离合器踏板没有自由行程，使分离轴承压在分离杠杆上。
② 从动盘摩擦片、压盘或飞轮工作面磨损严重，离合器盖与飞轮的连接松动，使压紧力减弱。
③ 从动盘摩擦片油污、烧蚀、表面硬化、铆钉外露、表面不平，使摩擦系数下降。
④ 压力弹簧疲劳或折断，膜片弹簧疲劳或开裂，使压紧力下降。
⑤ 离合器操纵杆系卡滞，分离轴承套筒与导管间油污严重，甚至造成卡滞，使分离轴承不能回位。
⑥ 分离杠杆弯曲变形，出现运动干涉，不能回位。

3. 故障诊断

① 检查离合器踏板自由行程，如不符合规定则应予以调整。
② 如果自由行程正常，则应拆下变速器壳，检查离合器与飞轮连接螺栓是否松动，如松动则予以拧紧。
③ 如果离合器仍然打滑，则应拆下离合器检查从动盘摩擦片的状况。如果有油污，则

可用汽油清洗并烘干，然后找出油污来源并设法排除。如果摩擦片磨损严重或有铆钉外露，则应更换从动盘。

④ 如果从动盘完好，则应分解离合器，检查压紧弹簧，如果弹力过软则应更换。

（二）离合器分离不彻底故障诊断与排除

1. 故障现象

发动机怠速运转时，踩下离合器踏板，挂档有齿轮撞击声，且难以挂入；如果勉强挂上档，则在离合器踏板尚未完全放松时，发动机熄火。

2. 故障原因

① 离合器踏板自由行程过大。
② 分离杠杆弯曲变形、支座松动、支座轴销脱出，使分离杠杆内端高度难以调整。
③ 分离杠杆调整不当，其内端不在同一平面内或内端高度太低。
④ 双片离合器中间压盘限位螺钉调整不当，个别分离弹簧疲劳、高度不足或折断，中间压盘在传动销上或在离合器驱动窗口内轴向移动不灵活。
⑤ 从动盘钢片翘曲、摩擦片破裂或铆钉松动。
⑥ 新换的摩擦片太厚或从动盘正反装错。
⑦ 从动盘花键孔与变速器第一轴花键轴卡滞。
⑧ 离合器液压操纵机构漏油、有空气或油量不足。
⑨ 膜片弹簧弹力减弱。
⑩ 发动机支承磨损或损坏，发动机与变速器不同心。

3. 故障诊断

① 检查离合器踏板自由行程，如果自由行程过大则进行调整。否则检查液压操纵机构储液罐油量是否不足或管路中是否有空气，并进行必要的添加或排除。如果不是上述问题，则应继续检查。
② 检查分离杠杆内端高度，如果分离杠杆高度太低或不在同一平面，则进行调整。否则检查从动盘是否装反，如果都没问题则继续检查。
③ 检查从动盘是否翘曲变形、铆钉脱落，从动盘是否轴向运动卡滞等，如果是则进行更换或修理。

（三）起步发抖故障诊断与排除

1. 故障现象

汽车用低速档起步时，按操作规程逐渐放松离合器踏板并缓踩加速踏板，离合器不能平稳接合且产生抖振，严重时甚至产生整车抖振现象。

2. 故障原因

① 分离杠杆内端高度不处在同一平面内。
② 从动盘或压盘翘曲变形，飞轮工作端面的轴向圆跳动严重。
③ 从动盘摩擦片厚度不均匀、油污、烧焦、表面不平整、表面硬化、铆钉头露出、铆钉松动或切断、波形弹簧片损坏。
④ 压紧弹簧的弹力不均、疲劳或个别折断，膜片弹簧疲劳或开裂。
⑤ 从动盘上的缓冲片破裂或减振弹簧疲劳、折断。
⑥ 发动机支架、变速器、飞轮、飞轮壳等的固定螺栓松动。
⑦ 分离轴承套筒与导管油污严重，使分离轴承不能回位。

3. 故障诊断

① 检查离合器踏板、分离轴承等回位是否正常，如果正常则继续检查。
② 检查发动机支架、变速器、飞轮、飞轮壳等的固定螺栓是否松动，如果是则紧固螺栓，否则继续检查。
③ 检查分离杠杆的内端是否在同一平面，如果是则继续检查。
④ 检查压盘、从动盘是否变形，铆钉是否松动、外露，压紧弹簧的弹力是否不在允许范围内，如果是则更换或修理。

（四）离合器异响故障诊断与排除

1. 故障现象

离合器分离或接合时发出不正常的响声。

2. 故障原因

① 分离轴承缺少润滑剂，造成干磨或轴承损坏。
② 分离轴承与分离杠杆内端之间无间隙。
③ 分离轴承套筒与导管之间油污严重或分离轴承回位弹簧与踏板回位弹簧疲劳、折断、脱落，使分离轴承回位不佳。
④ 从动盘花键孔与其花键轴配合松旷。
⑤ 从动盘减振弹簧退火、疲劳或折断。
⑥ 从动盘摩擦片铆钉松动或铆钉头外露。
⑦ 双片离合器传动销与中间压盘和压盘的销孔磨损松旷。

3. 故障诊断

① 轻踩离合器踏板，使分离轴承与分离杠杆接触，如果有"沙沙"的响声则为分离轴承响；如果踩加速踏板后仍响，则说明轴承磨损过度、松旷或损坏，应更换。
② 踩下、抬起离合器踏板，如果出现间断的碰撞声，则说明分离轴承前后有窜动，应更换分离轴承回位弹簧。
③ 连踩踏板，如果离合器刚接合或刚分开时有响声，则说明从动盘铆钉松动或外露，应更换从动盘。

第四章 汽车底盘故障诊断与排除

一、制动系统故障诊断与排除

（一）制动效能不良故障诊断与排除

1. 故障现象

汽车行驶中制动时，制动减速度小，制动距离长。

2. 故障原因

① 制动主缸有故障。

② 制动轮缸有故障。

③ 制动器有故障。

④ 制动管路中渗入空气。

3. 故障诊断

液压制动系统产生制动效能不良的原因，一般可根据制动踏板行程（俗称高、低）、踏制动踏板时的软硬感觉、踏下制动踏板后的稳定性以及多次制动时踏板增高度来判断。

① 一般制动时踏板高度太低、制动效能不良。如连续两脚或几脚制动，踏板高度随之增高且制动效能好转，则说明制动鼓与摩擦片或主缸活塞与推杆的间隙过大。

② 维持制动时，踏板的高度若缓慢或迅速下降，则说明制动管路某处破裂、接头密闭不良或轮缸皮碗密封不良，其回位弹簧过软或折断，或主缸皮碗、皮圈密封不良，回油阀及出油阀不良。可首先踏下制动踏板，观察有无制动液渗漏部位。若外部正常，则应检查轮缸或主缸故障。

③ 连续几脚制动时，踏板高度仍过低，且在第二脚制动后，感到主缸活塞未回位，踏下制动踏板即有主缸推杆与活塞碰击响声，可判定是主缸皮碗破裂或回位弹簧太软。

④ 连续几脚制动时踏板高度稍有增高，并有弹性感，说明制动管路中渗入了空气。

⑤ 连续几脚，踏板均被踏到底，并感到踏板毫无反力，说明主缸储液室内制动液严重亏损。

⑥ 连续几脚制动时，踏板高度低而软，可判定是总进油孔中储液室螺塞通气孔堵塞。

⑦ 一脚或两脚制动时，踏板高度适当，但太硬制动效能不良。应检查各轮摩擦片与鼓的间隙是否太小。若间隙正常，则检查鼓壁与摩擦片表面状况。如正常，则再检查制动蹄弹簧是否过硬，主缸或轮缸皮碗是否发胀，活塞与缸壁配合是否松旷。如均正常，则应进而检查制动软管是否老化不畅通。

（二）制动抖动故障诊断与排除

1. 故障现象

汽车制动时，车身和方向盘抖动，松开制动踏板故障消失。

2. 故障原因

① 前制动盘变形，制动平面不平整。
② 制动片性能不良。
③ 前悬架松旷。
④ 前轮轴承和轮辋变形。

3. 故障诊断

① 使用百分表测量前制动盘的端面圆跳动量，正常在 0.05mm 之内。如果测量值超过 0.05mm，则更换前制动盘。

② 拆卸前制动片，检查工作面是否存在不平整，如果存在摩擦不平，则更换制动片。测量前制动片的厚度，如果出现测量点厚度不一样，则更换制动片。

③ 检查前悬架各个球头是否有松旷，如果有球头松旷，则更换。

④ 检查前轮转向节轴承是否有松旷，如果轴承有松旷，则更换。检查轮辋是否有变形，如果存在变形，则更换轮辋。

（三）制动不灵故障诊断与排除

1. 故障现象

① 汽车制动时，踩一次制动踏板不能减速或停车，连续踩几次制动踏板，效果也不好。
② 汽车紧急制动时，制动距离太长。

2. 故障原因

① 制动踏板自由行程太大。

② 制动主缸储液室内存油不足或无油。
③ 制动液变质（变稀或变稠）或管路内壁积垢太厚。
④ 制动管路内进入空气或制动液气化产生了气阻。
⑤ 制动主缸、轮缸、管路或管接头漏油。
⑥ 制动主缸、轮缸的活塞及缸筒磨损过度。
⑦ 制动主缸、轮缸的皮碗老化或磨损引起密封不良。
⑧ 制动主缸的进油孔、储液室的通气孔堵塞。
⑨ 制动主缸的出油阀、回油阀不密封；活塞复位弹簧预紧力太小；活塞前端贯通小孔堵塞。
⑩ 制动器的制动鼓与制动蹄片间隙不当；制动鼓与制动蹄片接触面积太小；制动蹄片质量不佳或沾有油污，制动蹄片铆钉松动；制动鼓磨损产生沟槽或失圆，制动时变形。
⑪ 真空增压器或助力器的各真空管路接头松动、脱落，管路有破裂处；膜片破裂或者密封圈密封不良；单向阀、控制阀密封不良；辅助缸活塞、皮碗磨损过甚；单向球阀不密封。

3. 故障诊断

（1）制动不灵故障分类
① 检查制动片、制动盘（如有问题，则进行更换）。
② 检查制动液，检查制动真空助力器及真空管（如有问题，则更换制动液，注意排空制动管中空气，其他部件问题，更换即可）。
③ 制动时间过长，制动毂长时间摩擦，造成温度升高，摩擦系数降低，使制动效能下降。

（2）制动不灵故障排除
① 踩动制动踏板做制动试验，根据踩制动踏板时的感觉，检查相应的部位。
② 一脚踩下制动踏板，踏板到底且无反力；连续几次踩制动踏板都能踩到底，且感觉阻力很小，则应检查储液室中制动液液面高度是否符合要求，若液面低于下线或在"MIN"线以下，则说明制动液液面太低，检查制动踏板联动机构有无松脱。
③ 连续几脚踩制动踏板时，踏板高度仍过低，并且在第一脚制动后，感到主缸活塞未回位，踩下制动踏板即有制动主缸与活塞碰击响声，则应检查主缸的活塞回位弹簧是否过软，主缸的皮碗是否破裂。
④ 连续踩几次制动踏板时，踏板高度低而软，则应检查制动主缸的进油孔或储液室的通气孔是否堵塞。
⑤ 一脚踩下制动踏板时，踏板高度过低；连续几脚踩下制动踏板时，踏板高度稍有增高，并有弹性感，则应检查系统内是否存有气体。
⑥ 一脚踩下制动踏板时，踏板高度较低；连续几脚踩下制动踏板时，踏板高度随之增高且制动效能好转，则应检查制动踏板的自由行程及制动器的间隙。
⑦ 维持制动踏板高度时，若缓慢或迅速下降，则应检查制动管路是否破裂、管接头是

否密封不良，主缸、轮缸皮碗或皮圈密封是否良好。可踩下制动踏板，观察制动管路是否有制动液渗漏，制动主缸的推杆防尘套处是否有制动液渗漏，轮缸防尘套周围是否有制动液渗漏。

⑧ 踩制动踏板时，若踏板有向上反弹、顶脚的感觉，且制动力不足，则应检查增压器的辅助缸活塞磨损是否过度，辅助缸活塞、皮碗是否密封不良，辅助缸单向球阀是否密封不良。

⑨ 路试车辆时，观察各车轮的制动情况。若个别车轮制动不良，则应检查该车轮的制动软管是否老化，摩擦片与制动鼓间的间隙是否不当，摩擦片是否有硬化、油污、铆钉外露现象，制动鼓内臂是否磨损成沟槽，摩擦片与制动鼓的接触面积是否过小。

（四）制动拖滞故障诊断与排除

1. 故障现象

抬起制动踏板后，全部或个别车轮的制动作用不能立即完全解除，以致影响了车辆重新起步、加速行驶或滑行。

2. 故障原因

① 制动踏板无自由行程，制动踏板拉杆系统不能回位。
② 制动主缸回位弹簧折断或失效。
③ 制动主缸回油孔被污物堵塞，密封圈发胀或发黏，与泵体卡死。
④ 通往轮缸的油管凹瘪或堵塞。
⑤ 制动盘摆差过大。
⑥ 前制动器密封圈损坏，造成活塞不能正常复位。
⑦ 前、后制动器轮缸密封圈发胀或发黏，与泵体卡死。
⑧ 鼓式制动器制动蹄回位弹簧折断或过软。
⑨ 鼓式制动器制动蹄摩擦片破裂或铆钉松动。
⑩ 鼓式制动器制动鼓严重失圆。

3. 故障诊断

① 将汽车支起，在未踩制动踏板的情况下，用手转动车轮。如果某一车轮转不动，则说明该轮制动器拖滞；若全部车轮转不动，则说明全部车轮制动器拖滞。

② 如果为个别车轮制动器拖滞，则首先旋松该轮制动轮缸的放气螺钉。如果制动液急速喷出，随即车轮能旋转自如，则说明该轮制动管路堵塞，轮缸未能回油，应更换。如果车轮仍转不动，则拆下车轮，解体检查制动器。

③ 若全部车轮制动器拖滞，则首先检查制动踏板自由行程是否符合要求，如果自由行程过小，则应调整。然后检查制动踏板的回位情况，用力将制动踏板踩到底并迅速抬起，如果踏板回位缓慢，则说明制动踏板回位弹簧失效或踏板轴发卡，应更换或修复。

（五）制动无力故障诊断与排除

1. 故障现象

踩制动踏板时觉得软弱无力，踏板有下沉的感觉。

2. 故障原因

① 漏油：制动系统漏油，导致整个制动系统失效。
② 卡滞：制动器的性能下降，将会影响到整个制动系统的工作性能。

3. 故障诊断

（1）制动主缸的工作原理

踩下制动踏板后主缸产生推力将制动液压倒轮缸，轮缸内部的活塞受到液压力开始移动将制动片推动。

制动主缸属于汽车制动系统的重要部件，功能作用主要是提供制动助力，只有车辆发动机起动后才有制动助力效果，公交车和货车等大型车采用气压助力系统，小汽车一般采用液压助力系统，主要的液压制动主缸为真空助力泵。在主缸助力的情况下，驾驶人控制轮缸液压作用于制动压力时，踩制动踏板的力度可以轻松很多。如果汽车没有起动发动机，那么即使用力踩制动踏板也无法踩到底。

（2）制动主缸漏油

制动主缸漏油有两种情况，外漏及内漏。

① 外漏。从外表面可以看见漏油处，其种类有三种：制动主缸与助力器连接处漏油、活塞限位螺钉处漏油、缸体有气孔造成渗漏。对于限位螺钉处漏油，用扳手拧紧即可；对于另外两种则需更换制动主缸，但不必更换助力器。

② 内漏。此种情况踏板可踏到底或逐渐沉到底，但制动仍不良或失效，此点必须与踏板行程缩短但制动良好区分。前者是主缸内漏，后者则无内漏，只是助力器的助力比偏大。

（3）制动效果差或无制动

① 若制动液变质或混进其他油液，必须更换制动液。
② 若制动主缸皮圈严重磨损，则重新更换制动主缸。
③ 若制动主缸进油小孔堵塞或储油室加油螺塞上的通气孔堵塞，则疏通主缸进油小孔或通气孔。
④ 若制动管路中有空气，则排净管路中的空气。
⑤ 若制动片与制动鼓间隙调整不当，则重新调整。
⑥ 若真空助力器控制推杆行程或制动轮缸行程调整不当，则重新调整。
⑦ 若制动管路漏油，则检修制动管路。
⑧ 若制动主缸失效，则更换制动主缸。
⑨ 若真空助力器漏气，则更换真空助力器。

（六）ABS 警告灯长亮故障诊断与排除

1. 故障现象

① 在发动机起动后或汽车行驶中，ABS 故障警告灯一直长亮。
② ABS 装置失去作用，汽车紧急制动时车轮会抱死。
③ 汽车制动效能较差。

2. 故障原因

① 制动主缸储液室内的制动液太少，液面高度太低。
② 制动系统管路中有空气。
③ 车轮转速传感器损坏或线路有故障。
④ 车轮转速传感器感应齿圈损坏或传感器与感应齿圈之间有杂物。
⑤ 电动回液泵继电器损坏或线路有故障。
⑥ 电动回液泵电动机损坏或线路有故障。
⑦ 二位二通电磁阀继电器损坏或线路有故障。
⑧ ABS 的 ECU 电源线路或搭铁线路有故障。

3. 故障诊断

① 检查制动主缸储液室内的液面高度，若太低，则应加注制动液至正常液面高度。
② 进行故障自诊断，按照读取的故障码查找故障原因。
③ 如果无法读取故障码，则可按 ABS 故障警告灯点亮的规律判断故障的大致范围：若打开点火开关或发动机起动后 ABS 故障警告灯一直不熄灭，则可能是 ABS 的 ECU、电动回液泵、二位二通电磁阀损坏或其电源线路、搭铁线路有故障；若打开点火开关或发动机起动后 ABS 故障警告灯能正常熄灭，但汽车行驶至 40km/h 时踩制动踏板后 ABS 故障警告灯又亮起，则通常是车轮转速传感器损坏或其线路有故障。
④ 检测 ABS 的 ECU 电源线路。打开点火开关，对照所检修车型的 ABS 线路图，从 ABS 的 ECU 线束插头上检测与蓄电池正极及点火开关电源线路连接的各脚的电压，其值应等于蓄电池电压，否则说明熔丝或电源线路有故障，应予以修复。
⑤ 检测 ABS 的 ECU 搭铁情况。对照线路图，从 ABS 的 ECU 线束插头上检测各搭铁端子与蓄电池负极之间的电阻，其值应为 0，否则说明搭铁不良，应予以修复。
⑥ 检测电动回液泵继电器及其线路，若继电器有故障则应予以更换；若继电器的电源线路或与 ECU 连接的控制线路有故障，则应予以修复。
⑦ 检测电动回液泵电动机及其线路。拆开制动压力调节器上盖，拔下电动回液泵继电器，打开点火开关，将继电器插座上连接继电器开关触点的 2 个端子用一根导线短接，使蓄电池电源直接施加在电动机上，此时应能听到电动回液泵电动机转动的声音，否则说明电动机或其线路有故障，应检修线路或更换制动压力调节器总成。
⑧ 检测二位二通电磁阀继电器及其线路，如继电器有故障则应更换，如线路有故障则

应予以修复。

⑨ 检测二位二通电磁阀。拔下制动压力调节器线束插接器,对照所修车型的 ABS 线路图,在制动压力调节器线束插座上分别测量各个二位二通电磁阀的线圈电阻,其阻值应符合标准(一般为 0.8~1.5Ω)。如有异常,则应更换制动压力调节器总成。

⑩ 测量制动灯开关,在踩下制动踏板时,制动灯开关应闭合;未踩制动踏板时,制动灯开关应断开。如有异常,则应更换制动灯开关。

⑪ 检查各个车轮转速传感器,检查感应齿圈有无缺齿、齿圈与传感器之间有无杂物、齿圈与传感器之间的气隙是否正常。拔下传感器线束插接器,检测传感器电阻,其阻值应符合标准;转动车轮,同时用万用表测量传感器输出电压信号,如无信号输出,则说明传感器有故障,应予以更换。

(七)制动跑偏故障诊断与排除

1. 故障现象

汽车制动时,向一边偏斜。

2. 故障原因

① 两前轮制动鼓与摩擦片的间隙不一,两前轮摩擦片的接触面积相差太大,两前轮磨片的质量不同,两前轮制动鼓内径相差过多,两前轮制动蹄回位弹簧弹力不等。

② 前轮某侧轮缸活塞与缸筒摩擦过甚,某侧前轮轮缸内有空气,软管老化或轮缸皮碗不良或前轮某侧制动鼓失圆,两前轮胎气压不一致,某侧前轮摩擦片油污、水湿、硬化、铆钉外露。

③ 两前轮制动蹄支承销偏心套磨损程度不一。

④ 两后轮有上述故障。

3. 故障诊断

检查时先通过路试制动,根据轮胎拖印查明制动效能不良的车轮予以检修。拖印短或没有拖印的车轮即为制动效能不良。可先检查该轮制动管路是否漏油,轮胎气压是否充足。若正常,则可检查摩擦片与制动盘间隙。如仍无效,则可查轮缸是否渗入空气。若无空气渗入,则可拆下制动盘,按原因逐一检查制动器各部件。如也正常,则说明故障不在制动系,应检查车架或前轴的技术状况及转向机构情况。如有制动试验台则检查更为方便,看哪个车轮制动力小,即为不良的车轮。

(八)真空助力器漏气故障诊断与排除

1. 故障现象

制动踏板行程很短,多踩几脚行程也是一样。

2. 故障原因

真空助力器故障。

3. 故障诊断

① 打开发动机,运行 1~2min 后关闭,然后分三次踩踏板。对于正常工作的真空助力器,踩第一脚时,由于真空助力器存在足够真空,其踏板行程正常;踩第二脚时,由于助力器内已损失一些真空,所以踏板行程会减小很多;待踩第三脚时,真空助力器内真空已很少,所以踏板行程也很少,再踏下去就踏不动了。以上即所谓"一脚比一脚高"。这证明助力器无漏气,工作正常。如果每一脚踏板行程都很小,且行程都不变,即所谓的"脚特别硬",则说明助力器漏气失效。漏气严重的,可听到漏气声音。对于漏气的助力器需予以更换。

② 关闭发动机,踩踏板数次,将真空助力器内的真空"放掉"。然后踩住踏板,打开发动机,此时踏板应随着发动机抽真空而自动下降,待下降到正常位置后,关闭发动机,1min 内踏板应无反弹感觉。若踏板逐渐被抬起,则说明助力器漏气,应予以更换。

这里需要特别注意的是,对于正常的助力器,如果用正常踏板力踩踏板并使踏板停在某处后继续加大力度踩踏板,踏板还会继续往下沉,这种情况绝不是助力器漏气,因为漏气的助力器只能使驾驶人踏不下去,即所谓的"脚硬",并且会把驾驶人的脚向回推(即向上推)。

对于这种所谓"脚低"的助力器有两种可能,一是因助力器仍工作在助力状态,只要再继续加力,踏板肯定会继续往下沉,这时,制动已经非常可靠,属正常现象。二是主缸漏油,此时能一脚踩到底,且无制动。

(九) 制动时踏板行程过长故障诊断与排除

1. 故障现象

① 制动踏板有下垂的现象。
② 无故障码显示。

2. 故障原因

① 漏制动液。
② 常闭阀(出油阀)工作不正常。
③ 制动盘严重磨损。
④ 制动系统中有空气。
⑤ 驻车制动调整不当。

3. 故障诊断

① 检查制动管接头是否泄漏,如果泄漏,则排除。

② 检查制动盘磨损情况，如果磨损严重，则更换制动盘。
③ 检查驻车制动调整装置，如果不正常，则进行调整或更换。
④ 以上检查正常，则进行排气检查。
⑤ 以上检查完成后，故障依旧，则用检测仪对液压控制单元进行诊断，检查常闭阀，如果不正常则更换 ECU。

二、转向系统故障诊断与排除

（一）转向沉重故障诊断与排除

1. 故障现象

转向沉重。

2. 故障原因

① 油杯内部太脏，滤网被堵或油杯油面低。
② 动力转向系统中有大量空气。
③ 转向系统内有异物造成转向泵流量控制阀卡滞。
④ 轮胎气压不足，泵的转向管柱干涉、连接松动，泵的传动带松动、打滑或泵安装位置松动。
⑤ 油管各连接部位螺栓松动，造成转向液泄漏。
⑥ 转向器活塞缸磨损过大，油封密封不良，控制阀黏结或损坏。

3. 故障诊断

① 检查转向器、转向泵控制阀、油杯滤网、转向油，清洗整个动力转向系统。
② 若泵脏污，一定要清洁助力泵及油管的内外（不能用棉纱布或其他多纤布，应用干净的毛刷进行清洁），并按规定给转向系统排空气。
③ 按规定给轮胎充气，并调整发动机的性能。
④ 加油到规定的油面，检查或更换油杯。
⑤ 按规定调整传动带的张力并紧固各部件的连接螺栓。
⑥ 检查油管的各连接部位，紧固各连接螺栓。
⑦ 更换油管、动力转向泵或动力转向器。

（二）汽车跑偏故障诊断与排除

1. 故障现象

直线行驶时汽车向一边跑偏。

2. 故障原因

① 油杯油面过低。
② 转向轮球头节松动或前轮定位不当。
③ 转向杆系出现扭曲变形或过多磨损。
④ 转向器内的齿条预紧度失调。
⑤ 方向盘回正不良，方向盘抖动或打手。

3. 故障诊断

① 调整前轮定位和转向轮球头。
② 注充转向液并排气。
③ 调整或维修转向器齿条预紧度。
④ 按规定检查和调整转向系统中的各个连接部位。

（三）方向盘自由行程过大故障诊断与排除

1. 故障现象

方向盘自由行程过大。

2. 故障原因

① 当转向器的小齿轮与齿条间隙过大，造成转向自由行程过大时，排除方法是调整转向器小齿轮的预紧力。
② 当转向器的轴承磨损，造成转向自由行程过大时，排除方法是更换轴承。
③ 当转向器安装螺栓松动，由于转向器产生位移，使转向自由行程过大时，排除方法是紧固转向器安装螺栓。
④ 当转向横拉杆球头销磨损，造成转向器自由行程过大时，排除方法是更换球头销。
⑤ 若转向万向节磨损造成转向自由行程过大，排除方法是更换传动轴的万向节或万向节的轴承。
⑥ 若转向柱、传动轴和转向器之间的连接螺栓松动，造成自由行程过大，排除方法是紧固连接螺栓。
⑦ 若电动汽车方向盘与转向柱连接松动，一方面可能是键松动，另一方面可能是紧固螺母松动，造成转向自由行程过大，其排除方式是更换方向盘或转向柱，并紧固螺母。

3. 故障诊断

方向盘自由行程过大故障诊断流程如图 4-1 所示。

（四）高速行驶时方向盘摆振故障诊断与排除

1. 故障现象

高速行驶时方向盘摆振。

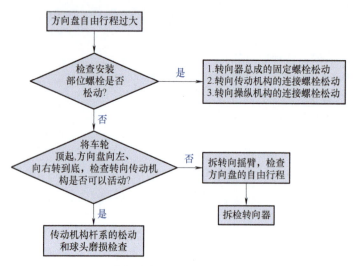

图 4-1　方向盘自由行程过大故障诊断流程

2. 故障原因

① 路况不好，车轮受路面冲击较大。
② 转向系统中，各传动件之间的间隙过大。
③ 轴套磨损严重。
④ 方向盘自由行程过大。

3. 故障诊断

① 首先，检查方向盘自由行程是否过大，若方向盘自由行程过大应进行调整或更换必要零部件。

② 若方向盘自由行程符合要求，则支起该车，检查前轮轴承是否松动。若是则更换新轴承，若不是则检查左右两下支臂、连杆组件、横拉杆转向减振器等部件的连接情况，看是否松动。若是由于螺钉松动引起的各连接件之间松动，则拧紧螺钉。

③ 若由于各连接件连接部分磨损严重引起的松动，则需要更换必要件。

④ 若各连接件之间无松动情况，则检查轴套活动量是否符合要求，若活动量过大，则需要调整，必要时进行更换。

⑤ 若活动量符合要求，则检查前轮定位参数是否符合规定，并进行检查调整。

（五）液压动力转向系统方向盘回正不良故障诊断与排除

1. 故障现象

汽车完成转向后，方向盘不能回到中间行驶位置（直线行驶位置）。

2. 故障原因

① 转向油泵输出油压低。

② 液压回路中渗入空气。
③ 回油软管扭曲阻塞。
④ 转向控制阀或转向动力缸发卡。
⑤ 转向控制阀定中不良。

3. 故障诊断

① 对液压系统进行排气操作，排气后按规定加足转向油液。
② 检查转向油泵输出油压，若油压不足应拆检转向油泵，检查油泵是否磨损或内部泄漏严重、安全阀及流量控制阀是否泄漏或卡滞、弹簧弹力是否减弱或调整不当、各轴承是否烧结或严重磨损等，查明故障予以修理，必要时更换油泵。如果泵轴油封泄漏，则也应更换转向油泵。
③ 检查回油软管是否阻塞，如有则应更换回油软管。
④ 拆检转向控制阀或转向动力缸，查明故障原因，然后视情况进行修复，对于损坏的零件应更换。必要时更换转向控制阀或转向动力缸。

（六）向左和向右的转向力不均故障诊断与排除

1. 故障现象

汽车行驶中，向左再向右转动方向盘，感到一侧重，另一侧轻。

2. 故障原因

① 分配阀中的滑阀调整不当，使滑阀偏离中间位置。
② 分配阀滑阀台肩两侧的预开缝隙不等。
③ 滑阀内有污物，使滑阀或反作用柱塞卡住，造成左右移动阻力不同。
④ 动力缸一侧存有空气。
⑤ 车身、车架变形或前悬架有故障。

3. 故障诊断

检查各个有关部件的损坏程度，进行适当调整、修复或更换。

（七）低速摆头故障诊断与排除

1. 故障现象

汽车在低速行驶时，感到方向不稳，产生前轮摆振。

2. 故障原因

① 货车装载前后不均等。
② 前轮胎气压过低或过高。
③ 前悬架弹簧错位、折断或固定不良。

④ 方向盘自由行程过大或转向拉杆球头销松旷。
⑤ 转向节主销与衬套的配合间隙过大或前轴销孔与主销配合间隙过大。
⑥ 前轮定位不正确。

3. 故障诊断

① 外观检查。检查车辆是否装载货物超长，引起前轮承载过小；检查后轮胎气压是否过低，若轮胎气压过低，则应充气使之达到规定值；检查前悬架弹簧是否错位、折断或固定不良，若错位则应拆卸修复，若折断则应更换，若固定不良，则应按规定力矩拧紧。

② 检查方向盘自由行程。

a) 由一人握紧转向摇臂，另一人转动方向盘试验，若自由行程过大，则说明转向器啮合传动副间隙过大，应调整。

b) 放开转向摇臂，仍由一人转动方向盘，另一人在车下观察转向拉杆球头销，若有松旷现象，则说明球头销或球碗磨损过甚、弹簧折断或调整过松，应先更换损坏的零件，再进行调整。

③ 若以上检查均正常，则可支起前桥，并用手沿转向节轴轴向推拉前轮，凭感觉判断是否松旷。

④ 若有松旷感觉，可由另一人观察前轴与转向节连接部位。

a) 若此处松旷，则说明转向节主销与衬套的配合间隙过大或前轴主销孔与主销配合间隙过大，应更换主销及衬套。

b) 若此处不松旷，则说明前轮毂轴承松旷，应重新调整轴承的预紧度。

（八）高速摆头故障诊断与排除

1. 故障现象

汽车行驶中出现方向盘发抖，车头在横向平面内左右摆动、行驶不稳等。

2. 故障原因

① 转向轮动不平衡。
② 前轮定位不正确。
③ 车轮偏摆量大。
④ 转向传动机构运动干涉。
⑤ 车架、车桥变形。
⑥ 悬架装置出现故障：左右悬架刚度不等、弹簧折断、减振器失效，导向装置失效等。

3. 故障诊断

① 外观检查。检查减振器是否失效，若漏油或失效，则应更换；检查左右悬架弹簧是否折断、刚度是否一致，若有折断或弹力减弱，则应更换；检查悬架弹簧是否固定可靠，转向传动机构有无运动干涉等，若有则应排除。

② 支起驱动桥。用三脚架塞住非驱动轮，起动发动机并逐步使汽车换入高速档，使驱动轮达到车身摆振的车速。

a）若此时车身和方向盘出现抖动，则说明传动轴严重弯曲或松旷，转向轮动不平衡或偏摆量大（前驱动）。

b）若此时车身和方向盘不抖动，则说明故障在车架、车桥变形或前轮定位不正确。

③ 检查前轮是否偏摆。

a）支起前桥，在前轮轮辋边上放一划针，慢慢地转动车轮，观察轮辋是否偏摆过大，若轮辋偏摆过大，则应更换。

b）拆下前轮，在车轮动平衡仪上检查前轮的动平衡情况，若不平衡量过大，则应加装平衡块予以平衡。

④ 若上述检查均正常，则应检查车架、车桥是否变形，并用前轮定位仪检查调整前轮定位。

（九）单边转向沉重故障诊断与排除

1. 故障现象

打方向时单边转向沉重。

2. 故障原因

① 转向器油封密封不良，油管连接螺栓松动，造成转向液泄漏。
② 转向器控制阀被堵塞或损坏，造成控制阀工作不良。
③ 转向油泵控制阀内有异物，造成油泵不能正常工作。
④ 轮胎气压和前轮定位不符合正常行驶要求。

3. 故障诊断

① 从车上取下转向器，检查油封、油管及转向器控制阀，必要时更换动力转向器。
② 清洁油管、油泵，检查油泵控制阀内的阀芯是否滑动自如，不要试图分解油泵，这可能会破坏油泵的端盖密封，造成泵漏油。
③ 检查和调整汽车轮胎气压和前轮定位。

单边转向沉重故障诊断流程如图4-2所示。

（十）快速打方向时转向沉重故障诊断与排除

1. 故障现象

快速打方向时转向沉重。

2. 故障原因

① 发动机转速不稳。

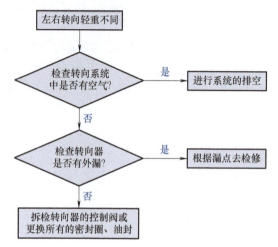

图 4-2　单边转向沉重故障诊断流程

② 转向系统中有空气。
③ 油杯内油面过低，油杯或系统内部有杂质。
④ 前轮定位失效，各转向连杆有松动迹象或泵的传动带松动、打滑。
⑤ 转向泵控制阀被异物堵塞，从而造成运行不规则。

3. 故障诊断

① 调整发动机转速和加速性能。
② 对整个转向系统排气。
③ 检查或更换油杯并对油杯注油。
④ 检查调整前轮定位、横直拉杆、连接杆、转向连杆、传动带的松紧度，并紧固各安装螺栓。
⑤ 拆卸和清洗整个转向系统。

（十一）转向泵或整个转向系统有异响故障诊断与排除

1. 故障现象

转向泵或整个转向系统有异响。

2. 故障原因

① 油杯油面过低，系统有漏油或动力转向系统中有空气。
② 油杯内的滤芯脏污造成转向泵吸油不足。
③ 转向系统内部清洁度差，造成定子、转子、分油盘、端盖、输入轴过度磨损。
④ 油管在安装和连接过程中有堵塞、弯折或产生共振及进出油不畅现象。
⑤ 转向系统因过度负荷运转，造成转向泵内部的定、转子过度磨损，从而造成泵内的油液不规则运动从而产生异响声。

⑥ 发动机其他转动部件，如水泵、空调压缩机、张紧轮、传动带轮等轴承响。

⑦ 泵的安装位置低或汽车的行驶路况极差等问题，极易造成油泵的壳体外表堆积大量的泥沙和油垢，这容易造成油泵的输入轴及壳体的滚珠轴承在使用过程中被外界的水、酸、碱物所腐蚀。若不按期维护整个转向系统，则油泵的滚珠轴承极易发生被烧坏或被卡死的现象，同时也极易在此处产生异响声。

⑧ 转向器、转向泵在支架上的安装出现松动，转向器内部磨损及齿轮、齿条调整不当。

3. 故障诊断

① 清洁整个转向系统。
② 检查并维修油管、油杯、油泵、转向器，并更换新的动力转向助力油和油杯。
③ 排出整个转向系统中的空气。
④ 按规定调整转向器齿轮、齿条间隙。
⑤ 检查其他转动件，在特殊情况下需更换转向泵或转向器总成。

转向泵或整个转向系统有异响故障诊断流程如图 4-3 所示。

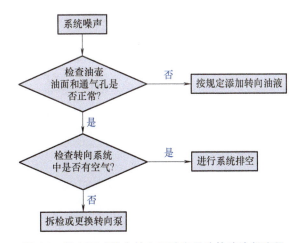

图 4-3 转向泵或整个转向系统有异响故障诊断流程

（十二）方向盘回正性能差故障诊断与排除

1. 故障现象

方向盘回正性能差。

2. 故障原因

① 轮胎气压不足。
② 杆系球销润滑不足。
③ 下连接凸缘和转向器调整器摩擦。

④ 转向器与转向管柱不对正。
⑤ 前轮定位不正确。
⑥ 转向杆系卡住。
⑦ 转向柱轴承过紧或卡滞。
⑧ 滑阀卡住或堵塞。
⑨ 回油管扭曲阻塞。

3. 故障诊断

方向盘回正性能差故障诊断流程如图 4-4 所示。

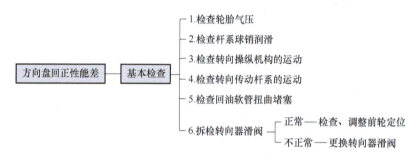

图 4-4　方向盘回正性能差故障诊断流程

（十三）动力转向液产生乳状泡沫故障诊断与排除

1. 故障现象

动力转向液产生乳状泡沫。

2. 故障原因

① 转向系统中有空气。
② 转向系统中有液体泄漏。

3. 故障诊断

① 排出空气，检查有无漏油并加以解决。
② 检查油杯并对油杯注油。

动力转向液产生乳状泡沫故障诊断流程如图 4-5 所示。

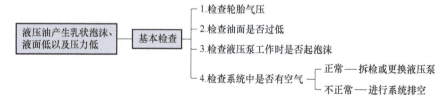

图 4-5　动力转向液产生乳状泡沫故障诊断流程

三、行驶系统故障诊断与排除

（一）汽车行驶跑偏故障诊断与排除

1. 故障现象

汽车行驶时，汽车就会自动偏向一边，必须用力握住方向盘，才能保证车辆按直线行驶。

2. 故障原因

① 两前轮气压不一致。
② 两端主销后倾角或车轮外倾角不相等。
③ 前束过大或过小。
④ 有一边的钢板弹簧错位、折断、两边弹力不均或一边减振器失效。
⑤ 前轮左右轮轴承松紧调整不一，有一边车轮制动拖滞。
⑥ 转向节臂、转向节弯曲变形。
⑦ 前轴、车架变形，钢板弹簧 U 型螺栓松动等使左右轴距不相等。
⑧ 后桥轴管弯曲变形。

3. 故障诊断

① 检查轮胎使用情况。若一边轮胎产生胎冠中间或两肩磨损、外侧或内侧偏磨，以及由外向里或由里向外的锯齿形磨损时，可分别判断轮胎气压高或低、前轮外倾角过大或过小、前束过大或过小，从而进行必要的调整或检修。
② 在轮胎气压相同、轮胎直径一致的情况下，车身有倾斜，应检查低的一边的钢板弹簧是否完好，弧度是否足够、弹力是否正确。
③ 汽车行驶一段里程后，用手触摸轮毂轴承和制动鼓，若有烫手，则说明轮毂轴承过紧或制动系拖滞。
④ 若以上均属良好，则做四轮定位检测。

汽车行驶跑偏故障诊断流程如图 4-6 所示。

（二）轮胎异常磨损故障诊断与排除

1. 故障现象

① 轮胎的中央部分早期磨损。
② 轮胎的两边磨损过大。
③ 轮胎的一边磨损量过大。

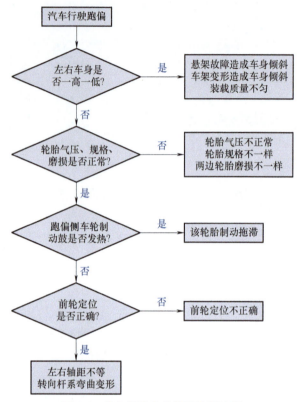

图 4-6　汽车行驶跑偏故障诊断流程

④ 个别轮胎磨损量过大。

⑤ 轮胎出现斑秃形磨损。

2. 故障原因

① 轮胎的中央部分早期磨损主要原因：轮胎充气量过大，这样不但影响轮胎的减振性能，还会使轮胎的变形量过大。

② 轮胎的两边磨损过大主要原因：轮胎充气量不足或长期超负荷行驶，使轮胎与地面接触面大，造成轮胎两边与地面接触而形成早期磨损。

③ 轮胎的一边磨损量过大主要原因：由车轮外倾角不对引起。

④ 轮胎胎面出现锯齿状磨损主要原因：前轮定位调整不当或前悬架系统位置失常、球头松旷等，使正常滚动的车轮发生支承架滑动或行驶中车轮定位不断变化而造成轮胎锯齿状磨损。

⑤ 个别轮胎磨损量过大主要原因：由个别车轮悬架系统失常、支撑架弯曲或个别车轮不平衡所致。

⑥ 轮胎出现斑秃形磨损主要原因：轮胎的平衡性差，当不平衡的车轮高速转动时，个别部位受力很大，磨损相应加快，伴随转向发抖，使操纵性变差。

3. 故障诊断

（1）处理方法

① 轮胎的中央部分早期磨损处理方法：可测量和调整轮胎的气压，并且让轮胎按期换

位。通常子午轮胎与普通斜交轮胎的换位方法不同。

② 轮胎的两边磨损过大处理方法：可测量轮胎的气压，并调整到规定值，汽车使用时限制负荷，防止超载。

③ 轮胎的一边磨损量过大处理方法：可修理或更换车桥和悬架上的零件，并通过调整车轮外倾角来解决。

④ 轮胎胎面出现锯齿状磨损处理办法：调整前轮定位，检查前悬架系统和球头销，必要时进行调整或更换。

⑤ 个别轮胎磨损量过大处理办法：检查磨损严重的车轮定位情况、独立悬架弹簧和减振器的工作情况，同时应缩短车轮的换位周期。

⑥ 轮胎出现斑秃形磨损处理办法：如果在汽车行驶中发现车辆在某一特定速度下有轻微抖动，则应立即对车轮进行平衡，这样可防止轮胎出现斑秃性磨损。

（2）轮胎出现异常磨损解决方法

① 轮胎换位及安装。为了使全车轮胎磨损均衡，避免不正常磨损和损坏，应适时进行轮胎换位，其方法有交叉换位法、循环换位法、混合换位法和同轴换位法。其中用得较多的而且效果较好的是交叉换位法。其优点是：对拱形路面的适应性好，能更好地保证各条轮胎均衡磨损。换位时不用从轮辋上拆胎调面，并且备胎也可参加换位。如果已经选定此法，应始终按所选定的方法换位。车轮向车上装复时，带有旋转方向的轮辋上有"人"字花纹轮胎，应按规定方向装用。装后轮双胎时，两个气门嘴应对面（相隔180°）装入，并且气门嘴和制动鼓与蹄片的间隙检查孔要错开。后轮双胎中，高、低压胎或大、小花纹轮胎不可混装。若两胎磨损不均，可将磨损大的装在外面，以适应拱形路面。

② 调整方向盘转向角度。方向盘转向角度过大造成轮胎波浪状磨损的调整方法是：将汽车停置于平地，保持直线行驶位置。转动方向盘，在一定范围内车轮并不偏转，表明方向盘自由行程很大，但转动过程中并无卡滞，说明转向器中齿轮齿条并无异常磨损。将汽车置于举升架上，检查转向连接球头销、连接螺栓无松旷，表明故障不在此处。综合以上诊断，结论是转向器间隙过大，导致方向盘自由行程过大。

松开转向器上的锁紧螺母，用内六角扳手转动调整螺栓，消除齿轮与齿条的啮合间隙，然后再将锁紧螺母锁紧（注意：不要使调整螺栓同螺母一起转动）。转向系统中各运动副均无间隙配合，即方向盘为无自由行程。一旦感到方向盘有了自由行程，则要调整和检查球头销、球头座及弹簧。若是转向器间隙较大，就可能导致方向盘产生很大的自由行程（游隙），这样在方向盘转向时就会有很大的空转角度，并会产生方向盘的振颤现象，有可能会出现轮胎胎面波浪形磨损的情况。

③ 前轮前束的调整。前束可以通过调整横拉杆的长度来加以保证。前束数值一定要按说明书提供的数据进行调整。

开始调整车轮前束时，应将左右车轮轮流用千斤顶顶起离开地面，检查左右摆动情况。若发现摆动过大，则应对两轮轮毂内轴承的间隙进行调整。如果旷量不大，就将两轮全部顶起并摆正，在两轮胎胎面中心各画一道直线，用钢卷尺测量两线间的距离，记下数据。将轮胎后方数据减去前方数据所得差值，与规定的前束值进行比较，若数值不符，则用扳手松开横拉杆上接头锁紧螺母,旋紧或旋松横向拉杆。当差值小于规定值时,将横向拉杆旋松;当差值大于规定值时,则将横向拉杆旋紧。反复进行,直至调好,最后按规定的转矩值紧固锁紧螺母。

(三) 车辆行驶时振动过大故障诊断与排除

1. 故障现象

车辆在行驶中,加速或减速时振动过大。

2. 故障原因

① 中间壳体总成磨损或损坏。
② 带轮压力输油管损坏、泄漏。
③ 前进档离合器故障。
④ 倒档制动器故障,倒档制动器活塞卡滞、磨损或损坏。
⑤ 起步离合器故障。
⑥ 自动变速器油(ATF)油位太低或变质。
⑦ 阀体总成故障。
⑧ 控制阀体总成故障。
⑨ 手动阀体故障。
⑩ ATF 接头管路磨损或损坏。
⑪ PCIVI 故障或 PCM 存储起步离合器控制数据有问题。
⑫ 飞轮总成故障。

3. 故障诊断

① 检查主、从动带轮和润滑压力,如果压力过低,则检查 ATF 油位、ATF 滤清器和油泵。
② 检查前进档离合器压力。
③ 检查故障指示灯是否点亮,电控系统是否有故障码,各电气部件插接器是否松动。
④ 检查前进档离合器、倒档制动器、起步离合器间隙是否正常,盘片是否磨损或损坏。
⑤ 检查 ATF 冷却器管路是否泄漏,连接处是否松动,必要时冲洗管路。
⑥ 进行起步离合器校准程序。

(四) 传动轴不平衡、发响故障诊断与排除

1. 故障现象

车辆传动轴的不平衡,在行驶中会出现一种周期性的声响,车速越高,响声越大,达到一定速度时,车门窗玻璃、方向盘均有强烈振响,手握方向盘有麻木的感觉。脱档行驶振动

更强烈，降到中速，抖振消失，但响声仍然存在。

2. 故障原因

① 传动轴弯曲、凹陷，运转中失去平衡。
② 传动轴安装不当，破坏了平衡条件。
③ 安装的平衡块丢失。
④ 各连接或固定螺栓松动。
⑤ 曲轴飞轮组合件动不平衡超差。
⑥ 万向节十字轴回转中心与传动轴不同轴度超差。
⑦ 传动轴花键套磨损过量。

3. 故障诊断

如果出现传动轴不平衡的故障，则可以采用下述方法诊断：
① 将车前轮用垫木塞紧，用千斤顶起一侧的中、后驱动桥。
② 将发动机发动，挂上高速档，观察传动轴摆动情况。
③ 观察中注意转速下降大时，若摆振明显增大，则说明传动轴弯曲或凸缘歪斜。
④ 传动轴弯曲都是轴管弯曲，大部分是由于汽车超载造成的。
⑤ 运岩石车辆由于经常超载运行，传动轴弯曲断裂的故障较多。
⑥ 更换传动轴部件，校直后，应进行平衡检查。
⑦ 不平衡量应符合标准要求。
⑧ 万向节叉及传动轴吊架的技术状况也应详细检查，如因安全不符合要求，十字轴及滚柱损坏引起松旷、振动，也会使传动轴失去平衡。

（五）驱动桥过热故障诊断与排除

1. 故障现象

汽车行驶一段里程后，驱动桥壳中部或主传动器壳异常烫手。

2. 故障原因

① 齿轮啮合间隙和行星齿轮与半轴齿轮啮合间隙调整过小。
② 轴承调整过紧。
③ 润滑油量不足、变质或牌号不符合要求。
④ 止推垫片与主减速器从动齿轮背隙过小。

3. 故障诊断

（1）局部过热
① 油封处过热，则故障由油封过紧引起。
② 轴承处过热，则故障由轴承损坏或调整不当引起。
③ 油封和轴承处均不过热，则故障由止推垫片与主减速器从动齿轮背隙过小引起。

（2）普遍过热

① 检查齿轮油油面高度：油面太低，则故障由齿轮油油量不足引起；否则检查齿轮油规格、黏度或润滑性能。

② 检查结果不符合要求，则故障由齿轮油变质或规格不符引起；否则检查主减速器齿轮啮合间隙大小。

③ 松开驻车制动器，变速器置于空档，轻轻转动主减速器的凸缘盘；若转动角度太小，则故障由主减速器齿轮啮合间隙太小引起；若转动角度正常，则故障由行星齿轮与半轴齿轮啮合间隙太小引起。

四、悬架系统故障诊断与排除

（一）独立悬架的常见故障诊断与排除

1. 故障现象

① 异响。
② 车身倾斜。
③ 前轮定位参数改变。
④ 轮胎异常磨损。
⑤ 车辆摆振及行驶不稳。

2. 故障原因

① 球头以及塑胶件松旷、老化。
② 车身侧倾过大。

3. 故障诊断

（1）车身侧倾过大

① 横向稳定杆弹力减弱或连接杆损坏，应更换稳定杆或连接杆。
② 横向稳定杆或下悬架臂磨损及损坏，应更换。
③ 减振器损坏，应更换。

（2）乘坐不舒适（太软或太硬）

① 轮胎尺寸或帘布层数不合规定，应更换合乎规定型号的轮胎。
② 轮胎充气压力不正确，应调整气压至规定范围。
③ 减振器损坏，应予以更换。
④ 弹性元件弹力减弱、磨损或损坏，应予以更换。

（3）汽车在平地上停放时车身倾斜

① 一侧悬架弹簧弹力减弱，应予以更换。

② 横向稳定杆连接杆损坏或磨损，应予以更换。
③ 悬架臂衬套磨损，应予以更换。
（4）悬架有不正常噪声
① 悬架臂球头节润滑不良或磨损，应予以润滑或更换。
② 减振器、减振器支架或减振器胶套损坏，应予以更换。
③ 稳定杆连接杆损坏或磨损，应予以更换。
④ 悬架连接有松动处，应重新拧紧。
⑤ 悬架臂衬套磨损，应予以更换。
（5）行驶不稳定
① 弹性元件弹性减弱，应予以更换。
② 减振器损坏，应予以更换。
③ 稳定杆弹力下降、损坏或稳定杆连接杆磨损，应更换相应零件。
④ 悬架臂衬套磨损，应予以更换。
⑤ 悬架臂球头节磨损，应予以更换。
⑥ 转向系统故障，应予以检修。
⑦ 车轮定位不当，应重新调整。
⑧ 车轮损坏或不平衡，应换新车轮或重新平衡。

（二）轮毂轴承异响故障诊断与排除

1. 故障现象

车辆行驶时出现嗡嗡声、吱吱声、咯噔声。

2. 故障原因

（1）嗡嗡声

原因：轮毂轴承内部滚道存在磨损、剥落、压痕等缺陷，或者轴承松旷时，会持续产生"咕噜""嗡嗡"的异响。

（2）吱吱声

原因：轮毂轴承密封失效，内部润滑油脂量不足时，油脂无法在沟道及钢球表面形成油膜，导致沟道与钢球表面接触摩擦，产生尖锐的吱吱声。

（3）咯噔声

原因：轴承内部钢球表面存在磕碰伤、钢球碎裂、轴承内部存在坚硬异物时，行车过程中钢球碾压滚道异常部位，产生"咯噔"异响。

3. 故障诊断

（1）异响特点

根据轮毂轴承工作原理及受力特点，其异响有3个重要特点：

① 轮毂轴承与车轮一起旋转，异响频率与车轮转速成正比。随着车速增加，轮毂轴承

异响连续变强,一般不会出现仅在某一较窄车速范围异响的情况。

② 轮毂轴承异响强度与其承受的载荷成正比。在汽车转弯时,轮毂轴承承受较大的载荷,异响较为明显。

③ 轮毂轴承异响很容易与轮胎、发动机、变速器、传动轴、万向节等传动系统的异响相混淆。

(2) 检查汽车状态

① 确认轮胎气压为标准气压,轮胎无异常磨损,花纹内无较大异物。由于轮胎严重磨损后会产生异响,干扰轮毂轴承异响故障诊断过程,必要时需更换轮胎再进行诊断。

② 确认制动盘通风孔内无异物,汽车所载货物牢固固定,不产生异响。

(3) 轮毂轴承异响诊断

轮毂轴承异响诊断可以让车轮在举升机上空转运行,也可以进行实车路试。

汽车举升运行可以排除路面噪声的干扰,在周围环境无较高水平的噪声时,很容易诊断轮毂轴承是否异响。但对于在从动轮上的轮毂轴承只能进行实车路试,无法在举升机上空转运行;而轮毂轴承在驱动轮上时,既可以进行举升机空转,又可以进行实车路试。实车路试时应优先选择出现异响时的道路条件,同时周围环境的风速及背景噪声应较低,且无较大的声音反射物。

(4) 举升检查

① 首先按照维修手册里的力矩要求拧紧车轮螺栓,保证车轮处于正常紧固状态,将汽车在举升机上举升,保持车身水平、汽车稳固,然后按如下方法初步检查轮毂轴承状态。

② 将汽车举升至离地面约15cm处,用手转动轮胎(对于驱动轮轮胎,需挂空档),检查轮毂轴承在运转时是否有卡滞、异响现象。如果存在明显的卡滞、异响,则说明轮毂轴承可能存在故障。

③ 面向车轮,双手分别抓住轮胎左右两侧,反复沿轴向前后扳动轮胎,对车轮施加翻转力,另一位工作人员将伸直的手掌轻贴在轮辐上,感触轮辐的振动情况。分别对比左右前后轮辐振动情况,如果某车轮轮辐振动较为明显,则说明该轮毂轴承存在松旷迹象。对于驱动轴螺母锁紧的轮毂轴承,需拆下轮胎,检查驱动轴锁紧螺母是否返松,需锁紧螺母后再次检查轮毂轴承是否松旷。

④ 将汽车举升至离地面约150cm处,检查轮毂部位是否存在因轴承油脂渗漏导致的湿润现象。正常情况下,轮毂轴承会有轻微的油脂渗漏。高速行驶后,轮毂轴承油脂渗漏更为明显。如果正常低速行驶后仍有油脂渗漏现象,则可认为轮毂轴承密封失效。

(5) 举升机上空转

① 确认轮毂轴承状态无异响后,在举升机上起动发动机,使车轮空转,同时检查左右车轮是否以相同转速转动(如果差速器具有锁闭功能,则应先锁闭差速器);检查驱动轴是否正常旋转,有无干涉现象。然后,模拟加速工况、匀速工况、空档滑行工况,围绕汽车静听,也可将听诊器贴在零部件上听诊,通过对比左右轮毂轴承部位在不同工况时的响声进行诊断。如果左右轮毂轴承响声差异较大,则可判定一侧轮毂轴承故障。

② 车轮部位振动异响源较多,应首先判断车轮部位是否存在异响,然后再判断异响是否来自轮毂轴承。

(6) 实车路试

① 为了排除发动机异响干扰，可在停车后，将变速器置于空档，踩下离合器，缓踩加速踏板使发动机空转。当发动机转速与异响时的发动机转速一致时，如果异响仍存在，则可判定异响为发动机异响，排除轮毂轴承故障。

② 为了排除变速器异响干扰，在加速至较高速度后，将变速器置于空档，踩下离合器，使汽车直线空档滑行。如果异响在车速与异响时的车速一致时消失，则可判定异响为变速器异响，排除轮毂轴承故障。

③ 以 20—120km/h 急加速、急速转向、8 字回转、故障件异响车速等工况分别进行多次路试。根据如下异响诊断方法，诊断轮毂轴承是否异响。

④ 将车速从 20km/h 急加速至 120km/h，细听噪声变化是否异常。如果噪声随车速变得明显急促尖锐，则可认为轮毂轴承可能存在故障。

⑤ 在正常行驶或直线空档滑行时，紧急制动、急速转向或 8 字回转，从而改变轮毂轴承载荷。如果周期性的异响在载荷改变瞬间发生变化，则可认为轮毂轴承可能存在故障。值得注意的是底盘零部件干涉、球头异常磨损、螺栓力矩衰减等故障，会使底盘在 8 字回转时产生断续咯噔声，这与轮毂轴承周期性的异响有明显区别。

⑥ 以异响时的车速行驶在正常路面时，若左右车轮处的异响明显不同，则可认为声响较大一侧轮毂部位存在故障件，但不能因为这一现象判定轮毂轴承故障。

（三）前减振器异响故障诊断与排除

1. 故障现象

① 车辆经过减速带或者不平路面时会出现"咯咯"的异响。
② 打方向时减振器处有异响。

2. 故障原因

① 减振器漏油。
② 减振器损坏。
③ 减振器顶座损坏。
④ 减振器弹簧限位座损坏。
⑤ 减振器平面轴承损坏。

3. 故障诊断

① 检查减振器有无漏油。有轻微漏油属于正常，漏油严重时，主要是由于油封磨损或损坏，衬垫破裂压碎或螺塞松动，应更换油封、衬垫，紧固螺塞。一般减振器是不进行修理的，必须更换。

② 让车辆在道路条件较差的路面上行驶 10km 后停车，然后用手触摸减振器外壳，如果不够热，则说明减振器内部无阻力，减振器没有工作。这时可加入适量的润滑油，再进行试验。如果外壳发热，则说明减振器内部缺油，应加足油。否则说明减振器失效。

③ 用力按下保险杠，然后再松开，如果汽车有 2~3 次跳跃，则说明减振器工作良好。

④ 使车辆缓慢行驶并紧急制动，如果汽车振动比较剧烈，则说明减振器有问题。

⑤ 拆下减振器将其直立，并把下端连接环夹在台钳上，用力拉压减振杆数次，此时应该有稳定的阻力，且往上拉的阻力应大于向下压的阻力。如果阻力不稳定甚至无阻力，则可能是减振器内部缺油或者阀门零件损坏，应送修或更换零件。

⑥ 拆卸减振器顶座，检查是否有严重磨损，中心轴套是否有损坏，如果出现以上问题则更换。

⑦ 拆卸减振器弹簧限位座，检查是否有严重磨损，如果出现则更换。

⑧ 拆卸减振器平面轴承，检查是否有异响、缺油，如果出现则更换。

（四）前悬架下摆臂故障诊断与排除

1. 故障现象

① 车辆经过减速带或者不平路面时会出现"咯噔咯噔"的异响。

② 严重损坏时，直线行驶时车辆跑偏。

③ 严重损坏时，轮胎出现不正常磨损。

2. 故障原因

① 前悬架下摆臂球头松旷。

② 前悬架下摆臂前后橡胶件老化。

3. 故障诊断

① 在检查球节时，首先检查球节是否设有磨损指示器。如果设有磨损指示器，则检查润滑脂嘴的位移量。如果润滑脂嘴已经回缩，则表明球节已经磨损，应当更换。对于有些汽车，建议检查润滑脂嘴是否能在球节中摇动，如果能够摇动，则表明应当更换球节。

② 仔细检查球节防尘套。防尘罩或球节油封损坏将会使润滑油漏出，并且让灰尘和杂质进入润滑脂中。如果防尘罩已经损坏，则应更换球节。如果没有发现防尘罩损坏，则慢慢地挤压防尘罩。如果防尘罩中充有润滑脂，将会感到有些坚硬。如果球节上设有润滑脂嘴，而且表现出缺少润滑脂，则用润滑脂枪填充润滑脂，直到有新润滑脂从防尘罩通气孔中流出为止。如果充入球节的润滑脂过多或过快，则可能会使防尘罩脱离安装位置或发生破裂。

③ 如果下摆臂与车架之间的衬套处于不良状态，就不能保持精确的车轮定位。

④ 目检各个橡胶衬套，检查是否存在变形、移动、偏心和严重龟裂，检查金属衬套是否会产生异响，密封是否松动。

（五）转向机拉杆球头故障诊断与排除

1. 故障现象

① 车辆经过减速带或者不平路面时会出现"咯噔咯噔"的异响。

② 严重损坏时，直线行驶时车辆跑偏。
③ 严重损坏时，轮胎出现不正常磨损。
④ 高速、低速方向盘抖动。

2. 故障原因

转向机拉杆球头松旷。

3. 故障诊断

① 转向拉杆球头的作用。转向拉杆是汽车转向机构中的重要零件，它直接影响汽车操纵的稳定性、运行的安全性和轮胎的使用寿命。转向拉杆分为转向直拉杆与转向横拉杆。转向直拉杆承担着把转向摇臂的运动传递给转向节臂的任务；转向横拉杆则是转向梯形机构的底边，是确保左右转向轮产生正确运动关系的关键部件。

拉杆球头是带球头外壳的拉杆，转向主轴的球头置于球头外壳内，球头通过其前端的球头座与球头外壳的轴孔边缘铰接，球头座与转向主轴间的滚针镶在球头座内孔面槽内，具有减轻球头磨损，提高主轴的抗拉性等特点。

② 拉杆球头损坏的症状主要有下面几种情况：

a) 汽车前轮球头损坏会出现下列症状：颠簸路段，"咯噔咯噔"响；车子不稳定，左右摆动；制动跑偏；方向失灵。

b) 球头旷量过大，再受到冲击载荷时容易断裂，应尽快修理，避免发生危险。

c) 外球头是指手拉杆球头，内球头是指方向机拉杆球头。外球头和内球头不是连在一起的，方向机球头连接在羊角上，手拉杆球头连接在平行杆上。

第五章 车身电器系统故障诊断与排除

一、电源系统故障诊断与排除

（一）发电机故障诊断与排除

1. 故障现象

① 发电机充电电流过小。
② 发电机充电电流过大。
③ 发电机充电电流不稳。
④ 发电机不发电。

2. 故障原因

（1）发电机充电电流过小
① 接线的接头松动。
② 调节器故障。
③ 发电机发电不足。
（2）发电机充电电流过大
① 电压调节器调节电压过高。
② 调节器损坏。
（3）发电机充电电流不稳
① 发电机传动带过松。
② 导线、接线柱连接不牢。
③ 发电机总成内部故障。
（4）发电机不发电
① 整流二极管击穿短路或断路；激磁绕组短路或断路。

② 三相定子绕组相间短路或搭铁。
③ 转子滑环严重氧化脏污，电刷架损坏或电刷在刷架中卡住。

3. 故障诊断

（1）发电机充电电流过小

蓄电池在存电不足的情况下，提高发动机转速，电流表指针指示较小的充电电流，则为充电电流过小故障。

检查蓄电池、发电机、调节器和电流表等各机件的接线柱及其导线连接是否牢靠。检查风扇传动带是否过松而使发电机转速不高。在上述情况正常时，可在发动机中等转速下检查调节器的限额电压，拆检发电机是否有磨损损坏的异常现象。检查调节器活动触点是否烧蚀或有无氧化物，活动触点臂与铁心间间隙及弹簧拉力是否符合技术要求；调节器接线有无松动现象。发现异常现象应及时修复。发动机在中速以上运转时，接通前照灯，若电流仍显示充电，则为充电系统技术状况良好；若电源表显示放电，则为充电电流过小故障，应予检修。

（2）发电机充电电流过大

汽车电流表指针偏转到最大充电电流位置；若夜间行车发动机转速高时，就会出现照明和仪表指示灯特别亮的情况。灯泡容易烧毁，分电器触点烧蚀，蓄电池电解液消耗过快。

使用万用表测量发电机端子 B 的电压，如果超出最大值 20%，则可确定为调节器故障。

首先检查调节器火线与磁场两接线柱导线是否接错，活动触点是否烧蚀或粘合于常闭状态。检查调节器时，可拆下磁场接线，若充电电流明显减小，则为调节器故障，可能是低速触点烧结分不开，线圈有断路等；若充电电流仍然很大，则可能是磁场接线和电枢接线有短路。首先检查是否因蓄电池内部短路和严重亏电而引起充电电流过大，若是则应予检修。

（3）发电机充电电流不稳

检测发电机连接传动带是否过松，如果过松，则调整传动带后再次验证发电电流。新传动带张紧力一般在 450~800N 之间，旧传动带张紧力一般在 350~650N 之间，可根据不同车型适当调整。

检测导线连接有无松动，蓄电池正负极输出主电源和主搭铁有无电解液锈蚀。

如果检测仪显示电压忽高忽低，则可在发电机 B+ 处测量（排除车上用电设备）。如果还显示电压不正常，则需要更换发电机（调节器）。

（4）发电机不发电

发动机在中等以上转速时，充电指示灯亮，首先要考虑蓄电池充电情况。若充电不足，则为发电装置故障。

除了传动带过松打滑，一般还要检查发电机本身不发电或调节器故障，以及充电电路断路故障，如发电机内部整流脱落或电枢接线柱底部与二极管元件板接触处不通、二极管击穿短路造成定子绕组烧损、电刷在刷架内卡住接触不良或磁场绕组断路等。

首先验证充电系统是否确实有故障,将发动机置于中速运转,在开前照灯的瞬间,电流表指针偏向"+"方向或保持原位不动,为蓄电池已充足电,充电系统工作正常。如果电流表指针偏向"-"方向,为充电系统有故障,应予检修。

(二) 蓄电池故障诊断与排除

1. 故障现象

① 蓄电池活性物质脱落。
② 蓄电池内部极板短路。
③ 蓄电池自放电。
④ 蓄电池内部极板栅架腐蚀。
⑤ 蓄电池内部极板硫化。

2. 故障原因

(1) 蓄电池活性物质脱落
① 蓄电池充电电流过大,电解液温度过高,使活性物质膨胀、松软而易于脱落。
② 蓄电池经常过充电,极板孔隙中溢出大量气体,在极板孔隙中造成压力,而使活性物质脱落。
③ 经常低温大电流放电使极板弯曲变形,导致活性物质脱落。
④ 汽车行驶中的颠簸振动。

(2) 蓄电池内部极板短路
① 隔板破损使正、负极板直接接触。
② 活性物质大量脱落,沉积后将正、负极板连通。
③ 极板组弯曲。
④ 导电物体落入电池内。

(3) 蓄电池自放电
① 电解液不纯,杂质与极板之间以及沉附于极板上的不同杂质之间形成电位差,通过电解液产生局部放电。
② 蓄电池长期存放,硫酸下沉,使极板上、下部产生电位差引起自放电。
③ 蓄电池溢出的电解液堆积在电池盖的表面,使正、负极柱形成通路。
④ 极板活性物质脱落,下部沉积物过多使极板短路。

(4) 蓄电池内部极板栅架腐蚀
① 蓄电池经常过充电,正极板处产生的氧气使栅架氧化。
② 电解液密度、温度过高、充电时间过长,会加速极板腐蚀。
③ 电解液不纯。

(5) 蓄电池内部极板硫化
① 蓄电池长期充电不足或放电后没有及时充电,导致极板上的 $PbSO_4$ 有一部分溶解于电解液中,环境温度越高,溶解度越大。当环境温度降低时,溶解度减小,溶解的硫酸铅就

会重新析出，在极板上再次结晶，形成硫化。

② 电解液液面过低，使极板上部与空气接触而被氧化。在行车中，电解液上下波动与极板的氧化部分接触，会生成大晶粒硫酸铅硬化层，使极板上部硫化。

③ 长期过量放电或小电流深度放电，使极板深处活性物质的孔隙内生成硫酸铅。

④ 新蓄电池初充电不彻底，活性物质未得到充分还原。

⑤ 电解液密度过高、成分不纯，外部气温变化剧烈。

3. 故障诊断

① 对于活性物质脱落的铅蓄电池，若沉积物较少时，则可清除后继续使用；若沉积物较多时，则应更换新极板和电解液。

② 出现极板短路时，必须将蓄电池拆开检查。更换破损的隔板，消除沉积的活性物质，校正或更换弯曲的极板组等。

③ 自放电较轻的蓄电池，可将其正常放完电后，倒出电解液，用蒸馏水反复清洗干净，再加入新电解液，充足电后即可使用；自放电较为严重时，应将电池完全放电，倒出电解液，取出极板组，抽出隔板，用蒸馏水冲洗之后重新组装，加入新的电解液重新充电后使用。

④ 腐蚀较轻的蓄电池，如果电解液中有杂质，则应倒出电解液，并反复用蒸馏水清洗，然后加入新的电解液，充电后即可使用；腐蚀较严重的蓄电池，如果是电解液密度过高，则可将其调整到规定值，在不充电的情况下继续使用；腐蚀严重的蓄电池，如栅架断裂、活性物质成块脱落等，则需更换极板。

⑤ 轻度硫化的蓄电池，可用小电流长时间充电的方法予以排除。硫化较严重者采用去硫化充电方法消除硫化；硫化特别严重的蓄电池应报废。

（三）汽车电源充电指示灯不亮故障诊断与排除

1. 故障现象

接通点火开关和发动机正常运转时，充电指示灯始终不亮。

2. 故障原因

① 充电指示灯灯丝断路。
② 熔断器烧断，使指示灯线路不通。
③ 指示灯或调节器电源线路导线断路或接头松动。
④ 蓄电池极柱上的电缆接头松动。
⑤ 点火开关故障。
⑥ 发电机电刷与滑环接触不良。
⑦ 调节器内部电路故障，如调节器内部电子元件损坏而使大功率晶体管不能导通或大功率晶体管本身断路。

3. 故障诊断

首先起动发动机并怠速（交流发电机转速2000r/min左右）运转，然后用万用表检查发电机电源系统能否充电（发电机输出电压能够超过蓄电池电压）。将充电指示灯不亮分为电源系统能充电与不能充电两种情况分别进行排除。

当接通点火开关时充电指示灯不亮，起动发动机后发电机又能发电（发电机输出电压能够超过蓄电池电压），说明发电机充电系统正常，应检查仪表盘上的充电指示灯是否正常，若灯丝断路，则需更换。

当接通点火开关充电指示灯不亮，起动发动机后发电机不能发电时，故障排除方法与诊断程序如下：

① 首先断开点火开关，检查熔断器是否断路。若该熔断器断路，则必须更换相同容量的熔断器；若仪表熔断器良好，则继续检查。

② 接通点火开关，用万用表检测熔断器上的电压值，若电压为零，则说明点火开关以及点火开关与熔断器之间线路有故障，应予检修或更换；若熔断器上的电压等于蓄电池的电压，则继续检查。

③ 拆下调节器接线端子上的导线，接通点火开关，用万用表检测调节器接线端子上的导线电压，若电压为零，则说明仪表盘上的充电指示灯或充电指示灯的旁通电阻断路，或仪表盘与调节器之间的线路断路，应予检修或更换；若调节器接线端子上的导线电压等于蓄电池的电压，则继续检查。

④ 检查电刷与电刷弹簧，检查电刷与滑环接触是否良好，否则应予检修或更换；如接触良好，则继续检查。

⑤ 检查调节器有无故障，如有则需更换调节器总成。

⑥ 检查发电机的转子绕组有无短路、断路、搭铁故障，如有则需更换。

（四）汽车电源系统不充电故障诊断与排除

1. 故障现象

发动机起动后，仪表盘上的充电指示灯不熄灭，或是在发动机正常运转过程中，充电指示灯始终亮着，这都说明发电机出现了不充电故障。

2. 故障原因

① 发电机磁场绕组短路、断路或搭铁而导致磁场电流减小或不通。

② 定子绕组短路、断路或搭铁故障。

③ 整流器故障。

④ 电刷磨损过短、电刷弹簧无弹性或电刷在电刷架中卡住，而造成电刷不能与滑环接触或接触不良。

⑤ 调节器故障，如调节器内部电子元件损坏而使大功率晶体管不能导通或大功率晶体管本身断路。

⑥ 交流发电机的传动带过松，由于传动带打滑，发电机不转或转速过低而不发电，有关连接的线路有故障。

3. 故障诊断

当充电指示灯常亮时，说明点火开关、熔断器以及充电指示灯技术状态良好。

起动发动机并将其转速逐渐升高，此时用万用表检测发电机"B"端子与发电机壳体间的电压。若万用表指示的电压高于发动机未起动时蓄电池的电压（12V 左右），则说明发电机发电，发电机"B"端子至蓄电池正极柱之间的线路断路；若电压为零或过低，则说明电源系统有故障，应按以下方法继续检查：

① 断开点火开关，检查交流发电机传动带的挠度是否符合规定（5~7mm），挠度过大应予调整；若传动带的挠度正常，则继续检查。

② 拆下调节器接线端子上的导线，接通点火开关，用万用表检测调节器接线端子上的导线电压，若电压为零，充电指示灯发亮，说明仪表盘与调节器之间的线路搭铁，应予检修或更换；若调节器接线端子上的导线电压等于蓄电池的电压，则继续检查。

③ 检查电刷与电刷弹簧，检查电刷与滑环接触是否良好，否则应予检修或更换；若接触良好，则继续检查。

④ 检查调节器有无故障，如有则需更换调节器总成。

⑤ 检测发电机的定子绕组、转子绕组有无短路、断路、搭铁等故障；检测整流器有无故障；如有应予检修或更换。

二、电动门窗故障诊断与排除

（一）驾驶人侧车门电动机故障诊断与排除

1. 故障现象

驾驶人车门车窗升降失效。

2. 故障原因

① 车窗升降电动机过热保护。
② 车窗升降电动机故障。
③ 车窗升降电动机相关线路异常。

3. 故障诊断

① 驾驶人车门中的电动车窗控制系统部分由一个电动车窗主开关、升降器和带集成ECU 的电动机组成。当操作电动车窗主开关时（带防夹功能的车型），驾驶人车门电动车窗升降器电动机由 ECU 控制。

② 首先检查车窗升降是否有故障，如果异常，则更换升降开关；如果正常，则检查升

降电动机的常电是否有 12V，再检查是否有搭铁。之后检查上升和下降时的电压是否有 12V，如果异常，则检查相关的线路；如果正常，则更换电动机。

③ 仅在更换电动车窗升降器电动机时需要初始化。但是，更换电动机可能导致电动机齿轮啮合到其他位置。这可能导致当前车门玻璃位置和 ECU 中存储的位置存在差异。在这种情况下，防夹功能将无法正常工作，应使系统返回到初始化前的状态并对系统重新进行初始化。

（二）驾驶人侧车门主开关故障诊断与排除

1. 故障现象

驾驶人车门主开关不能升降驾驶人车窗。

2. 故障原因

① 电动车窗升降器电动机（驾驶人侧）。
② 电动车窗主开关。
③ 电动车窗主开关线束或插接器异常。

3. 故障诊断

① 驾驶人车门中的电动车窗控制系统部分由一个电动车窗主开关、升降器和带集成 ECU 的电动机组成。当操作电动车窗主开关时（带防夹功能的车型），驾驶人车门电动车窗升降器电动机由 ECU 控制。

② 检查驾驶人车门主开关上的小灯是否点亮，点亮则说明电源没有问题。

③ 拆下驾驶人车门主开关进行检测，如果异常则更换；如果正常，则检查电动车窗主开关线束或插接器。

（三）车窗玻璃升降器故障诊断与排除

1. 故障现象

升降车窗玻璃没有反应，能听到升降电动机在工作。

2. 故障原因

① 车窗玻璃升降器与玻璃固定卡扣松脱。
② 车窗玻璃升降器钢丝绳断裂。

3. 故障诊断

① 升降电动机能够正常工作，说明开关、线路和升降电动机都不存在故障。

② 拆开门板，检查车窗玻璃升降器钢丝绳是否断裂，如果断裂则更换车窗玻璃升降器总成。

三、电动刮水器、洗涤器故障诊断与排除

（一）刮水器电机不工作故障诊断与排除

1. 故障现象

接通刮水器控制开关电源后，刮水器电机不能运转。

2. 故障原因

① 刮水电动机定子或转子断线、电刷磨损严重。
② 电路中的熔断器断路，或接线断线。
③ 刮水器开关接触不良。
④ 刮水间歇继电器损坏。
⑤ 连接杆卡滞不能运动或脱落，摇臂烧坏或锈蚀、脱落。

3. 故障诊断

① 更换电刷、定子、转子或电动机。
② 更换熔断器、修复电路接线。
③ 更换刮水器开关。
④ 更换刮水间歇继电器。
⑤ 修复连接杆和摇臂。

（二）电动刮水器片不能自动复位故障诊断与排除

1. 故障现象

刮水开关关闭后，刮水器不能自动回位。

2. 故障原因

① 刮水器连动杆与电动机轴松动。
② 电动机故障，回位控制线断路或自动回位器触点与滑片接触不良。
③ 线路故障，刮水开关至回位控制线断路。
④ 刮水器控制开关故障，引线断路或接触不良。

3. 故障诊断

控制开关至关闭档。用电线将刮水器电动机回位控制线与低速控制线短接，如果刮水器不回位，则说明刮水器电动机的回位引线断路或自动回位器触点与滑片接触不良。如果刮水器回位，则用电线将控制开关回位控制线与低速线短接，此时如果刮水器不回位，则说明控

制开关至刮水器电动机回位控制线断路,要检修电线束;如果刮水器回位,则说明控制开关损坏,要检修或更换控制开关。

(三) 刮水开关电源接通后熔丝随即熔断故障诊断与排除

1. 故障现象

刮水开关接通后,刮水器不动,熔断器随即熔断。

2. 故障原因

① 电动机内电源线与控制引线短路或电枢绕组短路。
② 刮水器连动杆变形卡死,或刮水器输出轴与铜套间隙过紧。

3. 故障诊断

拆下刮水器电动机输出轴与连动杆固定螺母,使其完全分离,将控制开关旋至高速或低速档位置,如果电动机运转,则说明刮水器有机械故障,连动杆变形卡死或刮水器输出轴与铜套间隙过小等,要检修连动杆或更换刮水器输出轴;如果熔丝烧断,则说明电动机故障,电动机内电源线与控制引线短路或电枢绕组短路,要检修电动机。

(四) 刮水器动作迟缓故障诊断与排除

1. 故障现象

刮水开关拨至高速或低速档时,电动机运转无力,刮水器动作迟缓。

2. 故障原因

① 电压过低或刮水开关接触不良。
② 刮片和玻璃的接触面脏污。
③ 电动机轴承和减速器齿轮润滑不良。
④ 电刷接触不良或弹簧过软。

3. 故障诊断

用导线将刮水器电动机高速或低速控制线直接搭铁,观察电动机运转情况。如果电动机运转无力,则说明是电机故障,若电刷弹簧失效,电刷磨损严重,则要检修电动机;如果电动机转速正常,则说明是控制开关故障,触点接触不良或触点氧化,要检修或更换控制开关。

(五) 刮水器电动机工作噪声过大故障诊断与排除

1. 故障现象

刮水器工作时,无论高速或低速,电动机噪声均严重。

2. 故障原因

① 电动机故障：电刷磨损严重，换向器烧结，转子磨损。
② 电动机减速器故障：螺杆调节螺栓松动，连杆机构扭曲，接头磨损。

3. 故障诊断

拆开刮水器电动机输出轴与连动杆间的固定螺母，使其完全分离，接通控制开关电源，观察电动机运转情况：

① 如果电动机噪声消除，则说明是电机减速器故障，螺杆调节螺栓松动；当电动机负载运转时，产生抖动，蜗杆颈部定位钢球脱落掉入减速器齿轮中，或是润滑油失效等。此时要检修并调整电动机减速器，加注润滑脂。

② 如果电动机噪声未消除，则说明是电动机故障，要检修电动机。

（六）刮水器电动机不能停止运转故障诊断与排除

1. 故障现象

电源总开关接通后，刮水器间歇动作，刮水开关不能将其关闭。

2. 故障原因

① 刮水开关断裂或引线断路。
② 电动机内低速控制线、高速控制线或电刷搭铁。
③ 刮水器电动机高速或低速控制线至刮水开关搭铁。

3. 故障诊断

拔下组合开关与上电线束的插接器，电动机停转，说明控制开关手柄拨叉损坏，或引线断路，要检修或更换控制开关。

四、灯光、信号系统故障诊断与排除

（一）前照灯不亮故障诊断与排除

1. 故障现象

接通车灯开关至2或3档时，示廓灯和仪表正常，前照灯远近光灯均不亮。

2. 故障原因

灯泡损坏、熔丝熔断、灯光开关、继电器损坏及线路断路或短路等。

3. 故障诊断

将车灯开关接至前照灯档位，用试灯检查变光开关的"火线"接柱。若试灯不亮，则用试灯检查车灯开关相应接柱；若试灯亮，则表明两开关之间的导线断路；若试灯不亮，则表明车灯开关损坏。检查变光开关接线柱时，若试灯亮，则为变光开关损坏。用导线分别连接变光开关的"火线"接柱与远、近光灯线接柱，此时，远近灯均应点亮。

（二）远光灯不亮故障诊断与排除

1. 故障现象

打开前照灯变光时，只有远光或只有近光。

2. 故障原因

① 变光器损坏。
② 线路断路或短路。
③ 灯丝烧断。
④ 灯座接触不良。

3. 故障诊断

先将车灯开关接至前照灯档，接通变光开关，查看远光指示灯。若指示灯亮，则表明远光灯线接点至线束导线断路，或者两远光灯丝烧坏。可在左或右接线板远光灯接线柱上用试灯检查：试灯亮，为两远光灯丝烧坏；试灯不亮，为远光指示灯线至线束导线断路。

若指示灯不亮，为可靠起见，先检查远光指示灯技术状况。若良好，连接变光灯的"火线"接柱和远光线接柱，观察前照灯及远光指示灯：若点亮，则表明变光开关损坏；若不亮，则表明远光指示灯线结点至变光开关之间导线断路。

（三）近光灯不亮故障诊断与排除

1. 故障现象

近光灯不亮。

2. 故障原因

① 灯光开关损坏。
② 线路断路或短路。
③ 灯泡灯丝烧断。
④ 灯座接触不良。

3. 故障诊断

将车灯开关打开，连接变光灯开关的"火线"接柱和近光灯线接柱，观察前照灯：若点亮，则为变光开关损坏；若不亮，则为变光开关至线束导线断路或两近光灯丝烧坏。

可在左或右接线板近光灯接线柱上用试灯检查：试灯亮，为近光灯丝烧坏；试灯不亮，为变光开关至线束导线断路。

(四)示廓灯、尾灯和仪表灯均不亮故障诊断与排除

1. 故障现象

灯光开关接至示廓灯、尾灯档位时,示廓灯、尾灯和仪表灯均不亮。

2. 故障原因

① 灯光开关损坏。
② 线路断路。
③ 熔丝熔断。
④ 插接器松脱。
⑤ 灯泡灯丝熔断。

3. 故障诊断

首先检查熔丝是否损坏。若损坏,则更换熔丝后开灯检查熔丝是否再次熔断。若再次熔断,则可能是线路或开关有短路故障,可采用断路检查法进行检查。若正常,则可检查灯光开关相应接柱上的电压是否正常。若电压不正常,则可能是灯光开关相应的档位损坏。若电压正常,则应检查相应的灯泡是否损坏。

 (五)前照灯灯光暗淡故障诊断与排除

1. 故障现象

前照灯光暗淡。

2. 故障原因

① 蓄电池容量不足,电压降低。
② 发电机不发电或发电量不足,输出电压低。
③ 散光玻璃或反射镜上有尘埃。
④ 电线接头松动和锈蚀,使电阻增大。
⑤ 灯丝蒸发、功率降低。

3. 故障诊断

① 如果只有一个灯丝暗淡,故障往往是该灯丝功率偏低或其线路接触不良,可更换灯泡对比检查。若更换灯泡后,亮度正常,则表明灯泡有故障;否则,检修线路。

② 如果一个灯的两个灯丝都比较暗淡,故障往往是该反射镜、配光镜表面脏污或灯丝功率偏低或搭铁线搭铁不良。如果一个灯的两个灯丝都非常暗淡,故障往往是该灯搭铁线短路。如果该灯良好搭铁后,亮度正常,则表明原来搭铁线断路或搭铁不良,重新接好搭铁线;否则,检查灯泡和反射镜、配光镜,必要时进行清洁或更换。

（六）前照灯经常烧坏故障诊断与排除

1. 故障现象

前照灯灯丝经常烧坏。

2. 故障原因

① 前照灯灯架松动；
② 交流发电机调节器失效，输出电压过高，致使灯丝电压过高而烧断。

3. 故障诊断

① 重新固定前照灯灯架。
② 检查交流发电机输出电压，若输出电压过高，则更换交流发电机调节器或更换发电机。

（七）左右前照灯亮度不一致故障诊断与排除

1. 故障现象

左右前照灯发光强度不一样。

2. 故障原因

① 左右前照灯的反射镜有一个老化。
② 左右前照灯有一个灯泡老化。
③ 左右前照灯有一个线路接触不良或搭铁不良。

3. 故障诊断

检查发光强度偏低的前照灯反射镜、灯泡是否有老化，质量是否符合要求，如果没有问题，则需要检查线路是否接触不良或搭铁不良。

（八）转向灯不亮故障诊断与排除

1. 故障现象

左右转向灯均不亮。

2. 故障原因

① 熔丝熔断。
② 闪光器损坏。
③ 转向灯开关出现故障或线路有断路的地方。

3. 故障诊断

① 检查熔丝，若断裂则进行更换。

② 检查闪光器，将闪光器的两个接线柱"B""L"短接，打转向灯开关，转向信号灯若亮，则说明闪光器损坏，需要更换。

③ 若以上均正常，则检查转向灯开关及其接线，酌情修理或更换。

④ 左右转向灯均不亮，除以上检查方法外，还可以先打开危险报警开关。若左、右转向灯不亮，则说明闪光器有故障。

（九）转向灯闪烁比正常时快故障诊断与排除

1. 故障现象

转向灯开关打到左侧或右侧时，转向指示灯闪烁比正常情况快。

2. 故障原因

① 转向灯灯泡有烧坏。

② 转向灯的相关线路存在接触不良。

3. 故障诊断

检查灯泡是否有烧坏，如果有则更换灯泡；如果正常，则检查相关线路是否存在接触不良。

（十）喇叭不响故障诊断与排除

1. 故障现象

按喇叭没有声音。

2. 故障原因

① 熔丝烧断。

② 喇叭插接器松脱。

③ 喇叭线束断路。

④ 喇叭继电器损坏。

⑤ 喇叭触点烧蚀。

3. 故障诊断

① 检查喇叭插头是否松脱。

② 检查喇叭熔丝是否烧断，如果烧断则更换。

③ 拔下喇叭插头，使用万用表测量电源电压，按下喇叭开关，测量是否有电源电压。如果没有电，则检查喇叭线束和喇叭继电器；如果有电，则是喇叭的问题。

④ 以上检查均无问题，则需检查喇叭触点，常用方法为拆检。

（十一）喇叭有时响有时不响故障诊断与排除

1. 故障现象

喇叭有时响有时不响。

2. 故障原因

① 触点烧蚀。
② 密封不严，易受潮。
③ 电磁线圈端子接触不良。

3. 故障诊断

① 长时间按喇叭易造成喇叭触点烧蚀而产生阻抗，流过电磁线圈的电流减弱，电磁吸力下降无法吸引衔铁带动膜片正常振动，导致喇叭发音沙哑，甚至不响。但不断按喇叭时，若瞬间强电流通过阻抗，喇叭依然能正常工作，故而会时好时坏。

② 虽然喇叭内部是密闭的，但如果密封不严，则会在洗车时进入雾气或内部空间空气中有水蒸气，水蒸气很容易导致触点受潮无法正常工作。

③ 有些喇叭内部电磁线圈漆包线端子接头是铝金属铆钉压接连接的，并非牢靠焊接连接。如果端头漆包线上的绝缘漆处理不净或铆钉压接不牢靠，则很容易产生虚接故障，导致喇叭工作不良。此种故障是喇叭质量原因，无法修复，只能更换新件。

④ 如果喇叭正常，则说明是喇叭插头松动、接触不良或按钮烧蚀。应检查各个插接器，或将喇叭继电器直接搭铁，如果喇叭正常，则拆开方向盘用细砂纸打磨触点。

如果喇叭不响，则是喇叭内问题故障，更换即可。

（十二）喇叭声音沙哑故障诊断与排除

1. 故障现象

喇叭声音沙哑。

2. 故障原因

① 蓄电池亏电。
② 喇叭触点烧蚀、接触不良、膜片破裂。
③ 复位弹簧钢片破裂。
④ 衔铁和铁心间的间隙不均，故而歪斜发生碰撞。
⑤ 喇叭固定螺钉松动。
⑥ 喇叭筒破裂。
⑦ 调整不当，使喇叭触点不能打开。

⑧ 喇叭触点间短路，电容器或灭弧电阻短路。

3. 故障诊断

蓄电池电量充足，按喇叭按钮，喇叭声音沙哑时，应检查喇叭的固定支架是否出现松动，如果没有，则可用螺钉旋具将喇叭的电源线与通往喇叭的导线接通后进行检查。其实，绝大多数情况下，汽车喇叭声音沙哑主要是由于插头接触不良，特别是方向盘周围的各个触点，由于使用频繁容易使触点出现磨损。

① 按住喇叭按钮，喇叭声音如果正常，则说明故障发生在继电器内部，应更换喇叭继电器。

② 使用螺钉旋具调整喇叭的音量调整螺钉，检查音质是否好转，如果有所变化则说明喇叭内部故障，视情况更换。

③ 检查喇叭膜片。如果触点间隙、衔铁与铁心间隙均正常，但喇叭声音仍然沙哑，则应检查扩音筒装振动膜片是否变形。

五、防盗系统故障诊断与排除

（一）车辆不能起动故障诊断与排除

1. 故障现象

汽车防盗系统工作正常，点火电动机运转正常，但车辆不能发动。

2. 故障原因

由报警器或汽车本身电气故障引起。

3. 故障诊断

将汽车防盗器附件切断点火继电器（12V/30A，一般安放在汽车钥匙门附近）的两条粗线短接，若此时车辆能起动，则说明防盗系统有故障，且多为继电器损坏。若短接切断点火继电器的两条粗线后，车辆仍无法起动，则说明汽车本身电路有故障。此外，车辆在行驶过程中遇到颠簸路段时，很容易熄火或临时熄火，应特别注意该切断点火继电器常闭触点有无接触不良、接线松动的情况。

（二）汽车遥控距离越来越短故障诊断与排除

1. 故障现象

汽车遥控开门或关门的距离越来越短，只有 2~3m。

2. 故障原因

① 钥匙电池电量不足。

② 汽车接收天线故障。

3. 故障诊断

出现此现象多是钥匙电池电量不足，首先更换钥匙电池，如果问题不能解决再更换遥控器，最后检查接收天线。

（三）汽车遥控器没反应故障诊断与排除

1. 故障现象

按下遥控器开门或锁门时，车辆没反应。

2. 故障原因

① 汽车遥控钥匙里的电池没电，造成汽车遥控器失灵。
② 其他电子信号干扰，造成汽车遥控钥匙失灵。
③ 汽车遥控钥匙进水，导致电路短路失灵。

3. 故障诊断

① 当汽车遥控钥匙里的电池没电时，更换汽车遥控器电池。特别需要注意的是，一些车型在更换遥控器电池时，需要重新对钥匙进行匹配。
② 当有其他电子信号干扰时，可以尝试换个地方再锁车。
③ 当汽车遥控钥匙进水时，拆开遥控器把水晾干。一般情况下，遥控器都能恢复工作。

（四）车辆行驶中进入报警状态故障诊断与排除

1. 故障现象

车辆行驶 30~40s 左右自动熄火并进入报警状态，解除防盗功能后，行驶中重复上述情况。

2. 故障原因

因为在车内操作遥控器，引起二次自动防盗。

3. 故障诊断

只要在解除防盗功能按键后，再开关一次车门，问题即可解决。汽车防盗系统用遥控器受体积限制，功能按键一般不超过4个，这样每个按键常被赋予几项功能，在某种状态下同一功能键所控制的功能不一样，或某项功能由多个按键配合完成，使用时应特别注意。

（五）指示灯经常自己亮起故障诊断与排除

1. 故障现象

未使用遥控器时，LED 指示灯经常自己亮起，或只要装上电池，LED 指示灯即常亮，而操作遥控器没有反应。

2. 故障原因

遥控器未按按键时指示灯经常自己亮起，一般为遥控器的按键发生机械性损坏，表现为按键的手感不好，没有弹性。

3. 故障诊断

更换按键即可。对跳码型遥控器而言，按遥控器各功能键均无反应，更换电池或重新安装电池后，LED 指示灯亮 20～40s，然后无反应，这说明按键有短路性损坏；若手感无异常，则可用万用表"R×1"档测试各按键是否短路，然后更换短路的按键即可。

（六）遥控器上没有显示故障诊断与排除

1. 故障现象

遥控器上没有显示或显示状态不会改变，按遥控器，主机有反应，开闭锁正常，遥控器不会报警。

2. 故障原因

① 主机发射报警电路有问题。
② 遥控器报警接收电路有问题。
③ 主机的问题。

3. 故障诊断

汽车在行驶状态下，按遥控器开闭锁时遥控器上显示的状态不会改变，此属正常现象，但在其他状态下，遥控器上的显示应该随防盗状态不同而改变，如果按遥控器，主机有反应，但遥控器上显示不改变或无显示，则检查另外一个遥控器是否正常；如果另外一个遥控器有相同的现象，则可能是主机发射报警电路有问题；如果另外一个遥控器正常，则说明遥控器报警接收电路有问题，更换一个新的遥控器重新学习，故障应该可以消除。如果只有一个遥控器，则建议去安装商处先更换一个遥控器对码之后看是否正常，如果还不行，则可能是主机的问题。

（七）经常有振动报警故障诊断与排除

1. 故障现象

在平时偶尔或经常有振动报警（遥控器上显示有锤子）。

2. 故障原因

此种情况一般是由于振动感应器太灵敏。

3. 故障诊断

可以先拔掉振动感应器，观察是否还有此现象。如果还有，则是主机的问题；如果没有，则是振动感应器问题，降低灵敏度应该可以消除此现象。

> **注意：**
> 　　不要把振动感应器灵敏度调得太高，这样会经常出现莫名其妙的振动报警，或者夜间会偶尔报警，也会出现有车经过时就会报警。将灵敏度调到用力拍打玻璃会振动报警就可以了。

六、安全气囊系统（SRS）故障诊断与排除

（一）安全气囊系统故障诊断与排除

1. 气囊位置分布

① 单安全气囊（只装在驾驶人侧）。
② 双安全气囊（驾驶人侧和前排乘客侧各有 1 个安全气囊）。
③ 后排安全气囊（装在前排座椅上）。
④ 侧面安全气囊（装在车门上或座椅扶手上，防止乘员受侧面撞击）。

不同类型的安全气囊，其结构、性能都不尽相同，维修方法也有所不同。此外，要认真仔细地观察警告灯（SRS 灯或 SIR 灯或 AIRBAG 灯）的工况，有些车型 SRS 的故障从警告灯就可以进行判断。

2. 调故障码

一旦弄清是 SRS 有故障，调取 SRS 故障码是简便、快捷诊断故障的方法，但有些车型调取 SRS 故障码需要专用仪器，还需要故障码表。这就需要借助于专业的维修手册。

3. 解除 SRS 工作

为了安全地对 SRS 进行检查和进行必要的电压、电阻等测试，必须对安全气囊进行解除，即解除处于工作状态下的安全气囊。SRS 的解除工作步骤如下：

① 摘下蓄电池负极接头。
② 等待约 90s，待 SRS ECU 中的电容器（第二电源）放电完毕。
③ 摘下驾驶人侧气囊组件插接器。
④ 摘下前排乘客侧气囊插接器。
⑤ 重新接上蓄电池负极电缆。

4. 检查与参数测试

（1）检查

检查传感器外壳、托架有无变形、裂纹及安装松动等缺陷。检查 SRS ECU 线路连接、

传感器连接及连接检查机构、过电检测机构是否可靠。检查各线路插接器和安全带收紧机构是否有损坏等。

（2）测试

测试碰撞传感器的电阻、电压值及时钟弹簧电阻值；测试 SRS ECU 输入、输出电压值；测试各线路是否断路、短路等。根据维修经验，SRS 的时钟弹簧故障率较高，要注意检测；有些车型 SRS 灯一直亮，没有故障码显示，一般是由于电源电压过低或备用电源电压过低，SRS ECU 未将故障代码存入存储器中所引起的。

此外，在 SRS 的故障诊断过程中，可以参照同类型（不同牌号）SRS 来分析故障原因和位置，也可更换某个零件做对比试验。

5. 检查 SRS 工况

维修好的 SRS 应进行如下检测：接通点火开关，SRS 警告灯应亮约 6s 后熄灭，这表示 SRS 故障排除，工作正常，否则应重新检修。

（二）安全气囊系统检修注意事项

以丰田车型为例，安全气囊系统检查注意事项如下。

① 在检查与排除安全气囊系统故障时，必须在拆下蓄电池负极电缆之前读出故障码。

② 检查工作务必在关闭点火开关、并将蓄电池负极电缆拆下 20s 或更长一段时间后进行。但应注意，汽车音响系统、防盗系统、时钟、电控座椅、电控座椅安全带收紧系统、微机控制驾驶位置设定的电控倾斜和伸缩转向系统、电控车外后视镜等系统均具有存储功能，当蓄电池负极电缆拆下后，存储的内容将会丢失。

③ 检查安全气囊系统时，即使只发生了轻微碰撞而 SRS 并未膨开，也应对前面碰撞传感器、驾驶席 SRS 组件、乘员席 SRS 组件、座椅安全带收紧器等进行检查。

④ 当安全气囊系统的检查工作完成之后，必须对 SRS 提示灯进行检查。

⑤ 拆卸或搬运 SRS 组件时，气囊装饰盖一面应当朝上，不得将 SRS 组件重叠堆放，以防气囊误膨开造成严重事故。

⑥ 在报废汽车整车或报废 SRS 组件时，应在报废之前先用专用维修工具将气囊引爆。

⑦ 汽车已发生过碰撞、气囊一旦引爆胀开后，SRS ECU 就不能继续使用。

⑧ 当连接或拆下 SRS ECU 上的插接器插头时，因为保险传感器与 ECU 组件在一起，所以应在 ECU 组件安装固定后，再进行连接或拆卸，否则保险传感器就起不到保护作用。

⑨ 安装方向盘时，其安装位置必须正确，即必须安装在转向柱管上，并使螺旋弹簧位于中间位置，否则会造成螺旋电缆脱落或发生故障。

（三）安全气囊报废处理的方法

当需要报废汽车整车或报废 SRS 气囊组件时，应在报废之前先用专用维修工具将气囊引爆。引爆工作应在远离电场干扰的地方进行，以免电场过强而导致气囊误爆。引爆 SRS 气囊时，应按制造厂家规定的方法进行。有的规定在汽车上引爆，有的规定先从汽车上将 SRS 气囊组件拆下，然后进行引爆。具体引爆操作方法如下：

① 拆下蓄电池负极电缆端子。

② 拔下 SRS 气囊组件与螺旋线束之间的插接器的插头。

③ 剪断 SRS 气囊组件线束，使插头与线束分离。

④ 将引爆器接线夹与 SRS 气囊组件引线连接。

⑤ 先使引爆器离开 SRS 气囊组件 10m 以上距离，然后再将电源夹与蓄电池连接。

⑥ 查看引爆器上的红色指示灯是否发亮，当红色指示灯发亮后才能引爆。

⑦ 按下引爆开关引爆 SRS 气囊。待绿色指示灯发亮之后，将引爆后的 SRS 气囊装入塑料袋内再进行废物处理。

（四）安全气囊系统故障分析与检测

1. 安全气囊系统装置元件

安全气囊系统中的装置元件包括安全气囊、安全气囊 ECU、左右碰撞传感器、方向盘游丝弹簧、安全气囊警告灯和安全气囊诊断接头等。

（1）安全气囊 ECU

安全气囊 ECU 是监视和处理碰撞感应和引爆安全气囊的中枢机构，它安装在客座前方的支架上，并附有六端子的诊断接头。若安全气囊系统电路有故障时，则仪表板安全气囊警告灯持续亮 12s 以上，以提醒检修。如果系统完全正常，则安全气囊警告灯在亮 6~8s 后，自动会熄灭。

（2）碰撞传感器

碰撞传感器安装在散热器左边和右边的钣金件上，当车辆速度达到设定速度，车头正面或车身左、右侧发生撞击时，碰撞传感器内部接点导通，并由安全气囊 ECU 控制安全气囊引爆，以保护驾驶人。碰撞传感器的设计，是依据车体碰撞角度和传感器冲击面的力量，使传感器接点导通；而平时的电路回路，则由 9~11kΩ 电阻连接，供电路监视。

2. 故障内容的读取和清码

当发现故障灯亮时，应进行故障码的读取。

（1）故障码的读取方法

现代车型只能用专用诊断仪来读取故障内容。

① 当前故障。即当前安全气囊的故障，对安全气囊的正常工作有影响。

② 历史故障。即以往探测到的故障，已不再激活，对安全气囊的正常工作无影响。

一旦发生故障，警告灯即点亮，即使故障不再激活，警告灯也持续点亮。

（2）进行故障诊断的注意事项

① 进行检测前应拆下蓄电池负极线，等待 1min 才能进行检测。

② 必须使用数字式万用表进行有关检测，如果使用指针式万用表则会有引起气囊误爆的危险。

③ 拆下的安全气囊必须将盖子朝上放置（万一出现误爆，可以使气囊有展开的空间，避免气囊总成爆炸乱飞，造成更大伤害）。

第六章
空调系统故障诊断与排除

一、制冷时压缩机不工作故障诊断与排除

1. 故障现象
汽车空调开启制冷时压缩机不工作。

2. 故障原因
① 电器元件接触不良,熔丝熔断,空调开关损坏,继电器内线圈脱焊,搭铁线接触不良。
② 电磁离合器有故障。
③ 环境温度过低。
④ 恒温器调定值太高,而室温很低。
⑤ 制冷剂漏光。
⑥ 怠速提高装置有故障,怠速未提高。
⑦ 热敏电阻不对。
⑧ 压缩机轴承烧坏或缺油。
⑨ 压缩机的传动带过松或开裂。

3. 故障诊断
① 检查电器元件,焊牢接线,更换损坏元件。
② 检查离合器。
③ 检查低温(低压)保护开关。
④ 将恒温器转至最低温度档。
⑤ 检查制冷剂量和低压保护开关。
⑥ 检查怠速提高装置并调整、修理。
⑦ 检查热敏电阻。
⑧ 分解压缩机,更换轴承或按规定加油。
⑨ 调整张紧或更换传动带。

二、冷气断断续续吹出故障诊断与排除

1. 故障现象

汽车空调使用时冷气断断续续吹出。

2. 故障原因

① 电磁离合器打滑，有可能是制冷剂过量造成的。
② 膨胀阀冰堵或脏堵。
③ 电器接线接触不良。

3. 故障诊断

① 检查离合器。
② 检查制冷剂是否加注过量。
③ 运行空调系统，检查膨胀阀是否有结冰，检查管路是否有脏堵。
④ 检查各线路是否存在接触不良。

三、只在高速时有冷气故障诊断与排除

1. 故障现象

空调只在高速时有冷气。

2. 故障原因

① 冷凝器堵塞。
② 压缩机传动带打滑。
③ 压缩机有故障。

3. 故障诊断

① 清理冷凝器。
② 调整传动带张紧力。
③ 更换压缩机，更换全部密封垫和密封圈。

四、压缩机不能正常自动停转故障诊断与排除

1. 故障现象

空调压缩机不能正常自动停转。

2. 故障原因

① 蒸发箱温度传感器损坏。
② 高压压力开关损坏。
③ 电线短路。

3. 故障诊断

在正常工作情况下，对于采用循环离合器控制方式的空调机组（部分汽车空调采用此方法），压缩机会间断停转（由温控器自动控制）。若压缩机一直不停运转，或在过低气温下、缺少制冷剂情况下或系统高压过高（冷凝器温度过高）时，压缩机仍能运转，则是不正常的。

① 通过检测仪读取空调制冷时的温度和不制冷时的温度，以此来判断蒸发箱温度传感器是否损坏。
② 通过使用压力表测量空调系统压力并记录数据，再使用检测仪读取空调压力的数据，判断高压压力开关是否损坏。
③ 检查压缩机和其他相关的线路是否存在短路现象，如果有短路，则对线路进行维修或更换。

五、低压侧压力过高，高压侧压力过低故障诊断与排除

1. 故障现象

低压侧压力过高，高压侧压力过低，压缩机有不正常敲击声，压缩机外壳高低压两侧温差不大。

2. 故障原因

压缩机阀片破碎，密封垫损坏。

3. 故障诊断

更换压缩机，更换全部密封垫和密封圈。

六、视液镜中有混浊气泡故障诊断与排除

1. 故障现象

制冷效果差。

2. 故障原因

① 冷冻油过多。

② 干燥瓶上易熔塞熔化。
③ 新鲜风门未关或关闭不严。

3. 故障诊断

① 快速放出制冷剂，并重新补液。
② 更换干燥瓶。
③ 检查新鲜风门开关。

七、制冷剂充填不足故障诊断与排除

1. 故障现象

① 低压侧、高压侧压力都低。
② 观察窗里有连续的气泡通过。
③ 制冷不好。

2. 故障原因

① 制冷剂少。
② 制冷剂泄漏。

3. 故障诊断

① 使用压力表检查空调系统压力，高压侧、低压侧压力偏低。
② 确认制冷剂不够。
③ 检查空调系统空调管各个接口是否有泄漏。
④ 故障排除后再次检查空调系统压力，高压侧压力（1.37~1.57MPa）、低压侧压力（0.15~0.25MPa）均正常。

八、制冷剂不循环（管路堵塞）故障诊断与排除

1. 故障现象

① 完全堵塞的时候、低压侧会立刻指示为负压。
② 部分堵塞的时候、低压侧会慢慢变为负压。
③ 堵塞部分的前后会产生温差。

2. 故障原因

因为异物等造成制冷剂不能流动。

3. 故障诊断

① 使用压力表检查空调系统压力，压力异常。

② 检查空调系统是否有泄漏。
③ 排除泄漏后，分解空调系统，检查哪一部分出现堵塞。
④ 更换有故障的零件，然后抽真空，加新的制冷剂。
⑤ 故障排除后再次检查空调系统压力，低压侧压力（0.15~0.25MPa）、高压侧压力（1.37~1.57MPa）均正常。

九、管路内混入空气故障诊断与排除

1. 故障现象

① 低压侧、高压侧压力都过高。
② 即使摸低压配管也感觉不到凉。
③ 观察窗有气泡。

2. 故障原因

冷冻循环管路内混入空气。

3. 故障诊断

① 使用压力表检查空调系统压力，低压侧、高压侧压力都过高。
② 检查空调系统是否有泄漏。
③ 排除泄漏后，更换干燥瓶，检查压缩机油是否变质。
④ 更换有故障的零件，然后抽真空，加新的制冷剂。
⑤ 故障排除后再次检查空调系统压力，低压侧压力（0.15~0.25MPa）、高压侧压力（1.37~1.57MPa）均正常。

第七章

油电混合动力汽车故障诊断与排除

一、驱动系统故障诊断与排除

1. 高压系统互锁电路断路

（1）故障码

P0A0A13。

（2）故障码检测条件

车辆行驶（以 5km/h 或更高速度）时互锁信号线路断路。

（3）故障部位

① 线束或插接器。

② 混合动力车辆控制 ECU 总成。

③ 维修塞把手。

2. 高压系统互锁执行不当操作

（1）故障码

P0A0A92。

（2）故障码检测条件

① 车辆停止时，拆下带安全装置的维修塞把手。

② 车辆停止时，互锁信号线路断路。

（3）故障部位

① 线束或插接器。

② 混合动力车辆控制 ECU 总成。

③ 维修塞把手。

3. 驱动电机"A"控制模块内部电子故障

（1）故障码

P0A1B49。

（2）故障码检测条件

电机控制 ECU（MGECU）内部故障：计算检查错误。

（3）故障部位

带转换器的逆变器总成。

4. 驱动电机"A"控制模块意外工作

（1）故障码

P0A1B94。

（2）故障码检测条件

混合动力车辆控制 ECU 总成接收到的电机控制 ECU（MGECU）值在一定时间内超出阈值。

（3）故障部位

① 带转换器的逆变器总成。

② 熔丝盒总成。

③ 集成门极换流晶闸管（IGCT）熔丝。

④ IGCT 继电器。

5. 驱动电机"A"温度传感器电路对搭铁短路

（1）故障码

P0A2A11。

（2）故障码检测条件

电机温度传感器电路线路短路或对搭铁短路。

（3）故障部位

① 线束或插接器。

② 混合动力车辆控制 ECU 总成。

③ 混合动力车辆变速器总成（电机温度传感器）。

6. 驱动电机"A"温度传感器电路对辅助蓄电池短路或断路

（1）故障码

P0A2A15。

（2）故障码检测条件

电机温度传感器电路断路或对+B 短路。

（3）故障部位

① 线束或插接器。

② 混合动力车辆控制 ECU 总成。

③ 混合动力车辆变速器总成（电机温度传感器）。

7. 驱动电机"A"温度传感器电压超出范围

（1）故障码

P0A2A1C。

(2）故障码检测条件

长时间静置后，电机（MG2）温度传感器的值可能与其他温度传感器的值不同。

(3）故障部位

混合动力车辆变速器总成（电机温度传感器）。

8. 驱动电机"A"温度传感器电路间歇性故障

(1）故障码

P0A2A1F。

(2）故障码检测条件

电机温度传感器输出突变或抖动：电机温度传感器输出出现异常突变且偏移情况持续特定时间，或电机温度传感器输出重复出现异常变化。

(3）故障部位

混合动力车辆变速器总成（电机温度传感器）。

9. 动力控制单元（PCU）互锁电路断路

(1）故障码

P1CE213。

(2）故障码检测条件

车辆行驶（以5km/h或更高速度）时互锁信号线路断路。

(3）故障部位

① 带转换器的逆变器总成。

② 发动机线束（空调线束）。

③ 插接器盖总成。

④ 逆变器端子盖。

10. PCU互锁性能或错误操作

(1）故障码

P1CE292。

(2）故障码检测条件

① 车辆停止时，拆下维修塞把手或带安全装置的逆变器端子盖。

② 车辆停止时，互锁信号线路断路。

(3）故障部位

① 带转换器的逆变器总成。

② 发动机线束（空调线束）。

③ 插接器盖总成。

④ 逆变器端子盖。

11. 辅助变速器油泵驱动电路零部件内部故障

(1）故障码

P0C2996。

(2) 故障码检测条件

混合动力车辆控制 ECU 总成接收到来自油泵电机控制器指示零部件（如油泵电机控制器）异常状态的"Drivererror"信号持续 2s 或更长时间。

(3) 故障部位

① 混合动力车辆控制 ECU 总成。

② 油泵电机控制器，带电机的油泵总成线束或插接器。

③ 辅助蓄电池。

④ 油泵电机控制器支架。

12. 辅助变速器油泵控制模块反馈信号无信号

(1) 故障码

P0C2B31。

(2) 故障码检测条件

① 来自油泵电机控制器的信号中断 1s 或更长时间。

② 来自油泵电机控制器的状态信号线（TPST）信号断路或对搭铁短路，或 TPST 电路对+B 短路。

(3) 故障部位

① 油泵电机控制器线束或插接器。

② 混合动力车辆控制 ECU 总成。

③ OILPMP 继电器。

④ 熔丝（机油泵）。

13. 驱动电机"A"位置传感器电路电压低于阈值

(1) 故障码

P0A3F16。

(2) 故障码检测条件

电机解析器电路相间短路：电子检测到电机解析器相位的信号线路间短路。

(3) 故障部位

① 带转换器的逆变器总成。

② 混合动力车辆变速器总成。

③ 线束或插接器。

14. 驱动电机"A"位置传感器电路间歇性故障

(1) 故障码

P0A3F1F。

(2) 故障码检测条件

存储故障码 P0C7917、P0D3319、P1C5D19 或 P1C5F19 时，电子检测到电机解析器相位的信号线路之间短路。

（3）故障部位

① 带转换器的逆变器总成。

② 混合动力车辆变速器总成。

③ 线束或插接器。

15. 驱动电机"A"位置传感器信号调幅最小

（1）故障码

P0A3F21。

（2）故障码检测条件

电机解析器电路断路或短路：电机解析器信号超出正常范围（振幅过小）。

（3）故障部位

① 带转换器的逆变器总成。

② 混合动力车辆变速器总成。

③ 线束或插接器。

16. 驱动电机"A"位置传感器信号调幅最大

（1）故障码

P0A3F22。

（2）故障码检测条件

电机解析器信号超出正常范围（振幅过大）。

（3）故障部位

① 带转换器的逆变器总成。

② 混合动力车辆变速器总成。

③ 线束或插接器。

17. 驱动电机"A" V 相电流（高分辨率）电路对搭铁短路或断路

（1）故障码

P0A6014。

（2）故障码检测条件

电机 V 相电流传感器高分辨率信号电路对搭铁短路或断路（MIV）。

（3）故障部位

① 带转换器的逆变器总成。

② 线束或插接器。

18. 驱动电机"A" W 相电流（高分辨率）电路对搭铁短路或断路

（1）故障码

P0A6314。

（2）故障码检测条件

电机 W 相电流传感器高分辨率信号电路对搭铁短路或断路（MIW）。

（3）故障部位

① 带转换器的逆变器总成。

② 线束或插接器。

19. 驱动电机"A"性能

（1）故障码

P0A9000。

（2）故障码检测条件

电机磁力失效：检测到电机（MG2）磁力减小。

（3）故障部位

① 混合动力车辆变速器总成。

② 电机电缆。

③ 带转换器的逆变器总成。

④ 线束或插接器。

⑤ 混合动力车辆控制 ECU 总成。

20. 驱动电机"A"V相电流传感器电路对搭铁短路或断路

（1）故障码

P0BE914。

（2）故障码检测条件

电机逆变器电流传感器（V相主传感器）故障（断路或对搭铁短路）。

（3）故障部位

① 带转换器的逆变器总成。

② 线束或插接器。

21. 驱动电机"A"W相电流传感器电路对搭铁短路或断路

（1）故障码

P0BED14。

（2）故障码检测条件

电机逆变器电流传感器（W相主传感器）故障（断路或对搭铁短路）。

（3）故障部位

① 带转换器的逆变器总成。

② 线束或插接器。

22. 驱动电机"A"电路电流超出范围

（1）故障码

P0BFF1D。

（2）故障码检测条件

电机系统故障：如果电流未按指令流动，则电机高压系统可能故障。车辆停止或低速行驶时检测到故障。

(3) 故障部位

① 混合动力车辆变速器总成。

② 电机电缆。

③ 带转换器的逆变器总成。

④ 线束或插接器。

⑤ 混合动力车辆控制 ECU 总成。

23. 驱动电机"A"执行转矩性能

(1) 故障码

P0C1900。

(2) 故障码检测条件

电机（MG2）转矩执行监视故障：电机发电机控制 ECU 请求的电机转矩和实际电机转矩之间的差异过大。

(3) 故障部位

① 混合动力车辆变速器总成。

② 电机电缆。

③ 带转换器的逆变器总成。

④ 线束或插接器。

⑤ 混合动力车辆控制 ECU 总成。

24. 驱动电机"A"位置传感器电路"A"电路断路

(1) 故障码

P0C5013。

(2) 故障码检测条件

电机解析器正弦相位电路断路。

(3) 故障部位

① 带转换器的逆变器总成。

② 混合动力车辆变速器总成。

③ 线束或插接器。

25. 驱动电机"A"位置传感器电路"B"电路断路

(1) 故障码

P0C5A13。

(2) 故障码检测条件

电机解析器余弦相位电路断路。

(3) 故障部位

① 带转换器的逆变器总成。

② 混合动力车辆变速器总成。

③ 线束或插接器。

26. 驱动电机"A"位置传感器电路"A"电路电压低于阈值

（1）故障码

P0C5016。

（2）故障码检测条件

电机解析器正弦相位信号的值低于低侧阈值。

（3）故障部位

① 带转换器的逆变器总成。

② 线束或插接器。

27. 驱动电机"A"位置传感器电路"A"电路电压高于阈值

（1）故障码

P0C5017。

（2）故障码检测条件

电机解析器正弦相位信号的值高于高侧阈值。

（3）故障部位

带转换器的逆变器总成。

28. 驱动电机"A"位置传感器电路"B"电路电压低于阈值

（1）故障码

P0C5A16。

（2）故障码检测条件

电机解析器余弦相位信号的值低于低侧阈值。

（3）故障部位

线束或插接器。

29. 驱动电机"A"位置传感器电路"B"电路电压高于阈值

（1）故障码

P0C5A17。

（2）故障码检测条件

电机解析器余弦相位信号的值高于高侧阈值。

（3）故障部位

带转换器的逆变器总成。

二、高压蓄电池故障诊断与排除

1. 系统电压（BATT）电路对搭铁短路或断路

（1）故障码

P056014。

（2）故障码检测条件

蓄电池 ECU 总成备用电源电路故障。

（3）故障部位

① 线束或插接器。

② 蓄电池 ECU 总成。

③ 熔丝。

2. HEV○/EV○蓄电池能量控制模块处理器至监视处理器信号无效

（1）故障码

P060629。

（2）故障码检测条件

ECU 内部故障。

（3）故障部位

高压蓄电池 ECU 总成。

3. HEV/EV 传动系控制模块意外操作

（1）故障码

P0A1D94。

（2）故障码检测条件

混合动力车辆控制 ECU 总成内部故障：通过蓄电池 ECU 总成检测到混合动力车辆控制 ECU 总成发出异常信号。

（3）故障部位

① 蓄电池 ECU 总成。

② 混合动力车辆控制 ECU 总成。

4. HEV/EV 蓄电池冷却风扇 1 电路对搭铁短路

（1）故障码

P0A8111。

（2）故障码检测条件

① 根据蓄电池冷却鼓风机总成输出频率计算的转速不在目标控制转速范围内。

② 请求特定等级转速时，蓄电池冷却鼓风机总成转速过低（连接的电路可能对搭铁断路或短路，或电机可能锁止）。

（3）故障部位

① 蓄电池冷却鼓风机总成。

② 蓄电池 ECU 总成。

③ 1 号 BATTFAN 熔丝。

④ 线束或插接器。

○ HEV 是 Hybrid Electric Vehicle 的缩写，即混合动力汽车。

○ EV 是 Electric Vehicle 的缩写，即电动汽车。

5. 高压熔丝累计载荷历史

(1) 故障码

P0A9563。

(2) 故障码检测条件

蓄电池 ECU 总成估算的高压熔丝累计热负荷超出阈值。

(3) 故障部位

HEV 蓄电池端子盒。

6. HEV/EV 蓄电池电流传感器"A"/"B"信号对比故障

(1) 故障码

P0B1362。

(2) 故障码检测条件

蓄电池电流传感器出现故障。

(3) 故障部位

① 高压（HV）蓄电池接线盒总成。

② 蓄电池 ECU 总成。

7. HEV/EV 蓄电池温度传感器"A"电路对辅助蓄电池短路或断路

(1) 故障码

P0A9B15。

(2) 故障码检测条件

蓄电池温度传感器故障，其输出电压高于规定值（对+B 短路或断路）且检测温度低于规定值。

(3) 故障部位

① 1 号 HV 供电组分总成。

② HV 蓄电池接线盒总成。

③ 蓄电池 ECU 总成。

④ 线束或插接器。

8. HEV/EV 蓄电池温度传感器"A"电路对搭铁短路

(1) 故障码

P0A9B11。

(2) 故障码检测条件

蓄电池温度传感器故障，其输出电压低于规定值（短路）且检测温度高于规定值。

(3) 故障部位

① 1 号 HV 供电组分总成。

② HV 蓄电池接线盒总成。

③ 蓄电池 ECU 总成。

④ 线束或插接器。

9. HEV/EV 蓄电池温度传感器"B"电路对搭铁短路

(1) 故障码

P0AC511。

(2) 故障码检测条件

蓄电池温度传感器故障,其输出电压低于规定值(短路)且检测温度高于规定值。

(3) 故障部位

① 1 号 HV 供电组分总成。

② HV 蓄电池接线盒总成。

③ 蓄电池 ECU 总成。

④ 线束或插接器。

10. HEV/EV 蓄电池温度传感器"B"电路对辅助蓄电池短路或断路

(1) 故障码

P0AC515。

(2) 故障码检测条件

蓄电池温度传感器故障,其输出电压高于规定值(对+B 短路或断路)且检测温度低于规定值。

(3) 故障部位

① 1 号 HV 供电组分总成。

② HV 蓄电池接线盒总成。

③ 蓄电池 ECU 总成。

④ 线束或插接器。

11. HEV/EV 蓄电池温度传感器"A"电压超出范围

(1) 故障码

P0A9B1C。

(2) 故障码检测条件

蓄电池温度传感器性能异常,与其他蓄电池温度传感器之间的输出差值过大。

(3) 故障部位

① 1 号 HV 供电组分总成。

② 蓄电池 ECU 总成。

③ 线束或插接器。

12. HEV 蓄电池电池组 2 单格电压检测电压超出范围

(1) 故障码

P1A001C。

(2) 故障码检测条件

2 号 HV 供电组分总成的 HV 蓄电池单格电压检测电路检测到断路。

(3）故障部位

① 2 号 HV 供电组分总成。

② 蓄电池电压传感器（下侧）。

13. HEV 蓄电池电池组 1 单格电压检测电压超出范围

（1）故障码

P301A1C。

（2）故障码检测条件

1 号 HV 供电组分总成的 HV 蓄电池单格电压检测电路检测到断路。

（3）故障部位

① 1 号 HV 供电组分总成。

② 蓄电池电压传感器（上侧）。

14. HEV/EV 蓄电池组 2 单格电路电压高于阈值

（1）故障码

P1A6017。

（2）故障码检测条件

2 号 HV 供电组分总成任一电池的电压超出阈值后，继续进行充电。

（3）故障部位

① 2 号 HV 供电组分总成。

② 混合动力车辆控制 ECU 总成。

15. HEV/EV 蓄电池组 1 单格电路电压高于阈值

（1）故障码

P31AA17。

（2）故障码检测条件

1 号 HV 供电组分总成任一电池的电压超出阈值后，继续进行充电。

（3）故障部位

① 1 号 HV 供电组分总成。

② 混合动力车辆控制 ECU 总成。

16. HEV/EV 蓄电池组 1DeltaSOC 高

（1）故障码

P1A8000。

（2）故障码检测条件

1 号 HV 供电组分总成各电池的电容差超出规定值。

（3）故障部位

① 1 号 HV 供电组分总成 HEV 蓄电池端盒。

② 蓄电池电压传感器（上侧）。

17. HEV/EV 蓄电池组 2DeltaSOC 高

（1）故障码

P1A8500。

（2）故障码检测条件

2 号 HV 供电组分总成各电池的电容差超出规定值。

（3）故障部位

① 2 号 HV 供电组分总成混合动力蓄电池端子盒。

② 蓄电池电压传感器（下侧）。

18. 系统电压（AM）电路电压低于阈值

（1）故障码

P1AFC00。

（2）故障码检测条件

蓄电池 ECU 总成连续 40 个行程未正常完成关闭存储程序。

（3）故障部位

① 线束或插接器。

② 蓄电池 ECU 总成。

③ 熔丝。

19. HEV/EV 蓄电池 ECU 多次重置

（1）故障码

P1AFF00。

（2）故障码检测条件

ECU 内部故障。

（3）故障部位

蓄电池 ECU 总成。

20. 高压电源内部电气故障

（1）故障码

P1C8549。

（2）故障码检测条件

蓄电池 ECU 总成检测到异常信号（放电电流过大）。

（3）故障部位

混合动力车辆控制 ECU 总成。

21. HEV/EV 蓄电池驱动控制电流传感器电路对搭铁短路

（1）故障码

P1C9F11。

(2）故障码检测条件

"Hybrid Battery Current for Driving Control"（端子 IBA 电压）过低（持续为 5V）。

(3）故障部位

蓄电池 ECU 总成。

22. HEV/EV 蓄电池驱动控制电流传感器电路对辅助蓄电池短路或断路

(1）故障码

P1C9F15。

(2）故障码检测条件

"Hybrid Battery Current for Driving Control"（端子 IBA 电压）过低（持续为 0V）。

(3）故障部位

蓄电池 ECU 总成。

23. HEV/EV 蓄电池电流传感器"A"电路对搭铁短路

(1）故障码

P0ABF11。

(2）故障码检测条件

蓄电池电流传感器输出电压（IB0）过低。

(3）故障部位

① HV 蓄电池接线盒总成。

② 蓄电池 ECU 总成。

③ 线束或插接器。

24. HEV/EV 蓄电池电流传感器"A"电路对辅助蓄电池短路或断路

(1）故障码

P0ABF15。

(2）故障码检测条件

蓄电池电流传感器输出电压（IB0）过高。

(3）故障部位

① HV 蓄电池接线盒总成。

② 蓄电池 ECU 总成。

③ 线束或插接器。

25. HEV/EV 蓄电池电流传感器"B"电路对搭铁短路

(1）故障码

P0B0E11。

(2）故障码检测条件

蓄电池电流传感器输出电压（IB1）过低。

(3）故障部位

① HV 蓄电池接线盒总成。

② 蓄电池 ECU 总成。
③ 线束或插接器。

26. HEV/EV 蓄电池电流传感器"B"电路对辅助蓄电池短路或断路

（1）故障码

P0B0E15。

（2）故障码检测条件

蓄电池电流传感器输出电压（IB1）过高。

（3）故障部位

① HV 蓄电池接线盒总成。
② 蓄电池 ECU 总成。
③ 线束或插接器。

27. HEV/EV 蓄电池电流传感器电源电路对辅助蓄电池短路

（1）故障码

P1CBB12。

（2）故障码检测条件

蓄电池电流传感器的电源电压（VIB）过高。

（3）故障部位

① HV 蓄电池接线盒总成。
② 蓄电池 ECU 总成。
③ 线束或插接器。

28. HEV/EV 蓄电池电流传感器电源电路对搭铁短路或断路

（1）故障码

P1CBB14。

（2）故障码检测条件

蓄电池电流传感器的电源电压（VIB）过高。

（3）故障部位

① HV 蓄电池接线盒总成。
② 蓄电池 ECU 总成。
③ 线束或插接器。

29. HEV/EV 蓄电池放电控制故障

（1）故障码

P300000。

（2）故障码检测条件

SOC 到达下限时，即使禁止放电，HV 蓄电池也会继续放电。

（3）故障部位

① SFI 系统燃油。

② HV 蓄电池。

30. HEV/EV 蓄电池控制系统过热

（1）故障码

P30004B。

（2）故障码检测条件

蓄电池 ECU 总成检测到 HV 蓄电池冷却系统故障信号。

（3）故障部位

① 混合动力车辆控制 ECU 总成。

② HV 蓄电池供电组分总成。

31. HEV/EV 蓄电池电压高

（1）故障码

P31B300。

（2）故障码检测条件

任一 HV 蓄电池格的电压超出规定阈值时，无法禁止充电。

（3）故障部位

① 混合动力车辆控制 ECU 总成。

② HV 蓄电池接线盒总成。

32. HEV/EV 蓄电池充电电流过大

（1）故障码

P31B400。

（2）故障码检测条件

蓄电池 ECU 总成检测到异常信号（充电电流过大）。

（3）故障部位

混合动力车辆控制 ECU 总成。

33. HEV/EV 蓄电池组 1 电路电阻超出阈值

（1）故障码

P33DA1E。

（2）故障码检测条件

1 号 HV 供电组分总成各电池的内部电阻差超出阈值。

（3）故障部位

① 1 号 HV 供电组分总成。

② HEV 蓄电池端子盒。

34. HEV/EV 蓄电池组 2 电路电阻超出阈值

（1）故障码

P33DB1E。

（2）故障码检测条件

2 号 HV 供电组分总成各电池的内部电阻差超出阈值。

（3）故障部位

① 2 号 HV 供电组分总成。

② HEV 蓄电池端子盒。

三、高压电控故障诊断与排除

1. DC/DC 变换器状态电路对搭铁短路或断路

（1）故障码

P0A0814。

（2）故障码检测条件

DC/DC 变换器信号线路断路或对搭铁短路（VLO）。

（3）故障部位

① 线束或插接器。

② 带转换器的逆变器总成。

③ 混合动力车辆控制 ECU 总成。

2. DC/DC 变换器启用电路对蓄电池短路

（1）故障码

P0A1112。

（2）故障码检测条件

DC/DC 变换器 NODD 信号线路对+B 短路。

（3）故障部位

① 线束或插接器。

② 带转换器的逆变器总成。

③ 混合动力车辆控制 ECU 总成。

3. 逆变器"A"冷却系统性能故障

（1）故障码

P0A9300。

（2）故障码检测条件

逆变器冷却液温度随着逆变器总成相关零件的温度升高而升高。

（3）故障部位

① 逆变器冷却系统。

② 逆变器水泵总成。

③ 带转换器的逆变器总成。

④ 冷却风扇系统。
⑤ 线束或插接器。

4. DC/DC 变换器启用零部件内部故障

（1）故障码
P1CCC96。

（2）故障码检测条件
① DC/DC 变换器故障且辅助蓄电池电压为 11V 或更低。
② DC/DC 变换器发生故障，且逆变器冷却液温度为 70℃ 或更低持续 60s。

（3）故障部位
① 熔丝盒总成。
② 发动机线束。
③ 逆变器冷却系统。
④ 冷却风扇系统。
⑤ 格栅开闭系统。
⑥ 带转换器的逆变器总成。
⑦ 混合动力车辆变速器总成。
⑧ 电动机电缆。

5. DC/DC 变换器温度传感器"A"电路对搭铁短路

（1）故障码
P0C3811。

（2）故障码检测条件
增压转换器温度传感器上信号电路对搭铁短路。

（3）故障部位
带转换器的逆变器总成。

6. DC/DC 变换器温度传感器"A"电路对蓄电池短路或断路

（1）故障码
P0C3815。

（2）故障码检测条件
检测到增压转换器温度传感器（上）信号电路断路或对+B短路。

（3）故障部位
带转换器的逆变器总成。

7. DC/DC 变换器温度传感器"B"电路搭铁短路

（1）故障码
P0C3D11。

（2）故障码检测条件
检测到增压转换器温度传感器（下）信号电路对搭铁短路。

（3）故障部位

带转换器的逆变器总成。

8. DC/DC 变换器温度传感器"B"电路对蓄电池短路或断路

（1）故障码

P0C3D15。

（2）故障码检测条件

检测到增压转换器温度传感器（下）信号电路断路或对+B短路。

（3）故障部位

带转换器的逆变器总成。

9. DC/DC 变换器卡在 ON 位置

（1）故障码

P0A949E。

（2）故障码检测条件

增压转换器故障信号检测（电路故障）。

（3）故障部位

① 逆变器冷却系统。

② 冷却风扇系统。

③ 线束或连接器。

④ 电动机电缆。

⑤ 发电机电缆。

⑥ 混合动力车辆变速器总成。

⑦ IGCT 熔丝。

⑧ 带转换器的逆变器总成。

⑨ 混合动力车辆控制 ECU 总成。

10. DC/DC 变换器电路电流大于阈值

（1）故障码

P0D3319。

（2）故障码检测条件

增压转换器故障信号检测：检测到任一增压转换器零部件（逆变器、混合动力车辆变速器、电机控制 ECU 等）存在故障

（3）故障部位

① 逆变器冷却系统。

② 冷却风扇系统。

③ 线束或连接器。

④ 电动机电缆。

⑤ 发电机电缆。

⑥ 混合动力车辆变速器总成。
⑦ 2 号 IGCT 熔丝。
⑧ 带转换器的逆变器总成。
⑨ 混合动力车辆控制 ECU 总成。

11. DC/DC 变换器状态电路对蓄电池短路

（1）故障码

P0A0812。

（2）故障码检测条件

DC/DC 变换器 VLO 信号线路对+B 短路。

（3）故障部位

① 线束或插接器。
② 带转换器的逆变器总成。
③ 混合动力车辆控制 ECU 总成。

四、充电系统故障诊断与排除

1. 发电机温度传感器电路间歇性故障

（1）故障码

P0A361C。

（2）故障码检测条件

长时间静置后，发电机（MG1）温度传感器的值不同于其他温度传感器的值。

（3）故障部位

混合动力车辆发电机总成（发电机温度传感器）。

2. 发电机温度传感器电路对搭铁短路

（1）故障码

P0A3611。

（2）故障码检测条件

发电机温度传感器电路对搭铁短路。

（3）故障部位

① 线束或插接器。
② 混合动力车辆控制 ECU 总成。
③ 混合动力车辆发电机总成（发电机温度传感器）。

3. 发电机温度传感器电路对辅助蓄电池短路或断路

（1）故障码

P0A3615。

（2）故障码检测条件

发电机温度传感器电路断路或对+B短路。

（3）故障部位

① 线束或插接器。

② 混合动力车辆控制ECU总成。

③ 混合动力车辆发电机总成（发电机温度传感器）。

4. 发电机位置传感器电路电压低于阈值

（1）故障码

P0A4B16。

（2）故障码检测条件

发电机解析器电路相间短路：电子检测到发电机解析器相位的信号线路短路。

（3）故障部位

① 带转换器的逆变器总成。

② 混合动力车辆变速器总成。

③ 线束或插接器。

5. 发电机位置传感器电路间歇性故障

（1）故障码

P0A4B1F。

（2）故障码检测条件

存储故障码P0C7917、P0D3319、P1C5D19或P1C5F19时，电子检测到发电机解析器相位的信号线路之间短路。

（3）故障部位

① 带转换器的逆变器总成。

② 混合动力车辆变速器总成。

③ 线束或插接器。

6. 发电机位置传感器信号调幅最小

（1）故障码

P0A4B21。

（2）故障码检测条件

发电机解析器电路断路或短路：发电机解析器信号超出正常范围（振幅极小）。

（3）故障部位

① 带转换器的逆变器总成。

② 混合动力车辆变速器总成。

③ 线束或插接器。

7. 发电机位置传感器信号调幅最大

（1）故障码

P0A4B22。

(2) 故障码检测条件

发电机解析器信号超出正常范围（振幅极大）。

(3) 故障部位

① 带转换器的逆变器总成。

② 混合动力车辆变速器总成。

③ 线束或插接器。

8. 混合动力发电机性能故障

(1) 故障码

P0A9200。

(2) 故障码检测条件

发电机磁力失效：检测到发电机（MG1）磁力减小。

(3) 故障部位

① 混合动力车辆变速器总成。

② 发电机电缆。

③ 带转换器的逆变器总成。

④ 线束或插接器。

⑤ 混合动力车辆控制 ECU 总成。

9. 发电机 V 相电流传感器电路对蓄电池短路

(1) 故障码

P0E0412。

(2) 故障码检测条件

发电机逆变器电流传感器（V 相主传感器）故障（对+B 短路）。

(3) 故障部位

① 带转换器的逆变器总成。

② 线束或插接器。

10. 发电机 V 相电流传感器电路对搭铁短路或断路

(1) 故障码

P0E0414。

(2) 故障码检测条件

发电机逆变器电流传感器（V 相主传感器）故障（断路或对搭铁短路）。

(3) 故障部位

① 带转换器的逆变器总成。

② 线束或插接器。

11. 发电机 V 相电流传感器电路间歇性故障

(1) 故障码

P0E041F。

（2）故障码检测条件

存储故障码 P0C7917、P0D3319、P1C5D19 或 P1C5F19 时检测到发电机逆变器电流传感器（V 相主传感器）对+B 短路、断路或对搭铁短路。

（3）故障部位

① 带转换器的逆变器总成。

② 线束或插接器。

12. 发电机 W 相电流传感器电路对蓄电池短路

（1）故障码

P0E0812。

（2）故障码检测条件

发电机逆变器电流传感器（W 相主传感器）故障（对+B 短路）。

（3）故障部位

① 带转换器的逆变器总成。

② 线束或插接器。

13. 发电机 W 相电流传感器电路对搭铁短路或断路

（1）故障码

P0E0814。

（2）故障码检测条件

发电机逆变器电流传感器（W 相主传感器）故障（断路或对搭铁短路）。

（3）故障部位

① 带转换器的逆变器总成。

② 线束或插接器。

14. 发电机 W 相电流传感器电路间歇性故障

（1）故障码

P0E081F。

（2）故障码检测条件

存储故障码 P0C7917、P0D3319、P1C5D19 或 P1C5F19 时检测到发电机逆变器电流传感器（W 相主传感器）对+B 短路、断路或对搭铁短路。

（3）故障部位

① 带转换器的逆变器总成。

② 线束或插接器。

第八章
纯电动汽车故障诊断与排除

一、驱动系统故障诊断与排除

驱动系统故障描述、检查及处理方法见表 8-1。

表 8-1 驱动系统故障描述、检查及处理方法

序号	显示码	描述	检查及处理方法
1	P1900	电机控制器温度过高（一级，温度≥95℃）	1）整车上电，清除故障信息，重新上电，再次读取故障信息，若此故障仍存在，则进行以下步骤 2）检查电机系统冷却液泵（俗称水泵）是否工作正常，如不工作，则更换水泵 3）检查冷却系统冷却液是否缺液，如是，则补充冷却液 4）待控制器冷却至室温，再次读取电机控制器温度，若明显高于室温，则更换电机控制器
2	P1901	电机控制器温度过高（二级，温度≥105℃）	参照第 1 项进行排查
3	P1906	绝缘栅双极型晶体管（IGBT）温度过高（一级，温度≥95℃）	1）整车上电，清除故障信息，重新上电，再次读取故障信息，若此故障仍存在，则进行以下步骤 2）检查电机系统水泵是否工作正常，如不工作，则更换水泵 3）检查冷却系统冷却液是否缺液，如是，则补充冷却液 4）待控制器冷却至室温，再次读取电机控制器IGBT温度，若明显高于室温，则更换电机控制器
4	P1907	IGBT 温度过高（二级，温度≥105℃）	参照第 3 项进行排查

（续）

序号	显示码	描述	检查及处理方法
5	P190C	电机过温（一级，温度≥140℃）	1）整车上电，清除故障信息，重新上电，再次读取故障信息，若此故障仍存在，则进行以下步骤 2）检查电机系统水泵是否工作正常，如不工作，则更换水泵 3）检查冷却系统冷却液是否缺液，如是，则补充冷却液 4）检查电机端到控制器端接插件连接是否正常，电机端温度传感器信号第7针和第8针是否分别与控制器端第9针和第10针导通，对应的线束针脚是否有退针的现象，如存在不导通或线束退针，则维修或更换线束 5）若线束正常，待电机完全冷却至室温后，检查电机温度传感器的阻值是否在（1±0.2）kΩ 范围内；若超出此范围，则更换电机后再检查有无此故障；若阻值正常，则更换电机控制器
6	P190D	电机过温（二级，温度≥145℃）	参照第5项进行排查
7	P190F	高压过电压（一级，电压≥410V）	1）充电状态报该故障：停止充电，上电后清除故障信息，重新上电，再次读取故障信息，若此故障仍存在，则更换电机控制器 2）正常电动运行状态：检查直流变换器或电池管理系统是否报过电压故障，若无，重新上电后，此故障仍存在，则更换电机控制器
8	P1910	高压过电压（二级，电压≥420V）	参照第7项进行排查
9	P1912	高压欠电压（一级，电压≤240V）	1）整车上电，清除故障信息，重新上电，再次读取整车数据流，观察电池电压、直流变换器电压、电机控制器电压是否接近，若三者相差10V左右，且低于240V，则给车辆充电 2）若电机控制器电压明显低于其他两个部件电压（10V以上），则排查电机控制器直流母线固定螺栓是否有松动现象 3）若以上排查均正常，则更换电机控制器
10	P1913	高压欠电压（二级，电压≤230V）	参照第9项进行排查
11	P1916	低电平欠电压	预留

（续）

序号	显示码	描述	检查及处理方法
12	P1917	电机过电流	1）整车上电，清除故障信息，重新上电，再次读取故障码，若此故障仍存在，则进行以下步骤 2）检查电机控制器和电机接线盒内部的 U、V 和 W 三相高压线束固定螺栓是否松动 3）检查电机接线盒内 U、V 和 W 三相高压端子对壳体电阻是否大于 20MΩ，如不是，则更换电机 4）若上述检查均正常，则更换电机控制器
13	P1918	高压短路	1）目测电机控制器和电池直流高压线之间是否有短路（线束表面破损、变黄、烧焦等异常现象） 2）检查直流高压线束对壳体电阻是否大于 20MΩ 3）若无短路，且电机 U、V 和 W 三相高压线对壳体电阻也大于 20MΩ，则更换电机控制器
14	P191B	电机过速（一级，转速≥10600r/min）	1）整车上电，清除故障信息，重新上电，再次读取故障信息，若此故障仍存在，则进行以下步骤 2）从电机端拔掉第 8 针接插件，测量电机端的激励正负、正弦正负、余弦正负两端的电阻是否分别为（27±2.7）Ω、（64±6.4）Ω、（60±6）Ω；若不是，则更换电机 3）检查电机端第 8 针接插件、线束是否连接可靠，第 8 针到电机控制器的第 23 针线束是否导通 4）若电机及线束连接正常，则更换电机控制器
15	P191C	电机过速（二级，转速≥10800r/min）	参照第 14 项进行排查
16	P191E	功率模块故障	1）整车上电，清除故障信息，重新上电，再次读取故障信息 2）检查电机控制器和电机接线盒内部的 U、V 和 W 三相高压线束固定螺栓是否松动；检查电机 U、V 和 W 三相高压线对壳体的电阻是否大于 20MΩ，如不是，则更换电机 3）若上述检测结果正常，则更换电机控制器
17	P1920	放电故障	由于系统其他故障导致车辆高速下电，该故障会伴随发生，属于正常现象，如果电机控制器单独报此故障，则应从以下几方面排查： 1）检查电机系统三相线束是否连接可靠 2）检查电池内的主继电器是否烧毁；下电过程电池继电器是否能够正常断开，如果检查均正常，则更换电机控制器
18	P1921	电机力矩错误	更换电机控制器

(续)

序号	显示码	描述	检查及处理方法
19	P1923	电机旋变错误	1) 从电机端拔掉第8针接插件，测量电机端的激励正负、正弦正负、余弦正负两端的电阻是否分别为（27±2.7）Ω、（64±6.4）Ω、（60±6）Ω，如不是，则更换电机 2) 如是，则检查第8针到电机控制器的第39针线束是否导通，线束是否有退针和接触不良问题 3) 若以上检查均正常，则更换电机控制器
20	P1928	预充电故障	预留
21	P1929	电机堵转故障	1) 检查是否存在大转矩下电机小于60r/min且持续时间超过5s的工况，如存在，则检查行车、驻车制动是否锁死等 2) 如果上述检查均正常，则更换电机控制器
22	P1930	电机温度过低（<-40℃）	1) 整车上电，清除故障信息，再次读取故障信息，若此故障仍存在，则进行以下步骤 2) 检查电机端到控制器端接插件连接是否正常，电机端温度传感器信号第7针和第8针是否分别与控制器端第9针和第10针导通，对应的线束针脚是否有退针的现象，如存在不导通或线束退针，则维修或更换线束 3) 若线束正常，待电机恢复至常温后，检查电机温度传感器的阻值是否在（1±0.2）kΩ范围内；若超出此范围，则更换电机后再检查有无此故障；若阻值正常，则更换电机控制器
23	P1931	电机控制器系统故障	更换电机控制器

二、高压蓄电池故障诊断与排除

1. 单体电压过高

（1）故障码
P101101~P101104。

（2）故障码报码条件
单体电压>4.15V。

（3）排除方法
① 静置车辆10min。
② 用诊断仪读取是否有P101101~P101104故障码。若有，则转第③步；否则排除其他故障。

③ 故障码是否为 P101101 或 P101102。若是，则转第④步；否则转第⑤步。

④ 行驶车辆，直至单体电压≤4.1V，转第⑦步。

⑤ 使用万用表检测电芯电压是否>4.25V。若是，则请求整车厂技术支持；否则转第⑥步。

⑥ 更换对应的电池管理系统（BMS）从控板，接通动力电池包的所有连线，钥匙拧到 ON 档，用诊断仪检测该单体电压是否仍然≥4.25V。若是，则为线束故障，可请求车厂技术支持；否则转第⑦步。

⑦ 重新起动车辆，清除故障码。

2. 单体电压过低

（1）故障码

P101001~P101004。

（2）故障码报码条件

当动力电池包温度>-5℃时，电池最低单体电压≤2.8V；当动力电池包温度≤-5℃时，电池最低单体电压≤2.5V。

（3）排除方法

① 静置车辆 10min。

② 用诊断仪读取是否有 P101001~P101004 故障码。若有，则转第③步；否则排除其他故障。

③ 故障码是否为 P101001、P101002 或 P101003。若是，则转第④步；否则请求整车厂技术支持。

④ 使用慢充方式给动力电池包充电，检测最小单体电压是否大于或等于 3V。若是，则把动力电池包充满；否则转第⑤步。

⑤ 用诊断仪检测最小温度是否大于或等于-5℃，充电时间是否大于或等于 1h。若是，则转第⑥步；否则转第④步。

⑥ 用万用表测量故障电芯两端的电压是否大于或等于 3V。若是，则转第⑦步；否则请求整车厂技术支持。

⑦ 确保 BMS 从控板接插件、故障模组接插件正确插接，单独给动力电池包上 12V 低压电，用诊断仪检测最小单体电压是否大于或等于 3V。若是，则转第⑧步；否则更换 BMS 从控板，转第⑧步。

⑧ 重新起动车辆，清除故障码。

3. 电池系统温度过高

（1）故障码

P103101~P103103。

（2）故障码报码条件

电池系统最大温度≥50℃。

（3）排除方法

① 整车下电静置 10min。

② 用诊断仪读取是否有 P103101~P103103 故障码。若是，则转第③步；否则排除其他故障。

③ 把车辆静置于阴凉通风处，直至动力电池包最小温度≤40℃，转第④步。

④ 使车辆行驶一段时间，用诊断仪检测动力电池包温度故障码是否为 211（温度传感器开路故障）、212（温度传感器短路故障）或者动力电池包温度是否迅速升高。若是，则为温度传感器故障，请求整车厂技术支持；否则转第⑤步。

⑤ 重新起动车辆，清除故障码。

4. 电池系统温度过低

（1）故障码

P103003。

（2）故障码报码条件

电池系统最小温度<-30℃。

（3）排除方法

① 把整车下电静置 10min。

② 用诊断仪读取是否有 P103003 故障码。若是，则转第③步。否则排除其他故障。

③ 使用慢充方式对动力电池包进行充电，用诊断仪检测动力电池包温升是否异常。若是，则转第④步；否则继续以慢充方式对动力电池包进行充电，直至最小温度≥3℃。

④ 确保 BMS 从控板接插件、温度异常模组采集线接插件连接良好，转第⑤步。

⑤ 更换异常模组对应的 BMS 从控板，对动力电池包上 12V 低压电，用诊断仪检测模组温度是否异常。若是，则温度传感器损坏，请求车厂技术支持；否则原 BMS 从控板损坏，更换 BMS 从控板，转第⑥步。

⑥ 重新起动车辆，清除故障码。

5. 电池系统温度不均衡

（1）故障码

P103003。

（2）故障码报码条件

最高温度-最低温度≥10℃。

（3）排除方法

① 静置车辆 10min。

② 用诊断仪读取是否有 P103201~P103203 故障码。若是，则转第③步；否则排除其他故障。

③ 故障码是否为 P103201 或 P103202。若是，则不做任何处理；否则转第④步。

④ 静置车辆，直至动力电池包温差≤7℃，转第⑤步。

⑤ 使车辆行驶 5min，检测动力电池包温差是否迅速升高。若是，则请求整车厂技术支持；否则转第⑥步。

⑥ 重新起动车辆，清除故障码。

6. 加热膜过温故障诊断

（1）故障码

P104100。

（2）故障码报码条件

加热膜温度>60℃。

（3）排除方法

① 把整车静置于阴凉通风处，直至加热膜温度≤45℃。

② 用诊断仪读取是否有 P104100 故障码。若是，则转第③步。否则排除其他故障。

③ 以慢充方式对整车进行充电，用诊断仪检测加热膜的温度，当加热膜温度>60℃时，检查加热膜继电器是否断开。若是，则转第④步；否则加热膜继电器损坏，请求整车厂技术支持。

④ 静置车辆，直至加热膜温度≤45℃，转第⑤步。

⑤ 重新起动车辆，清除故障码。

7. 单体电压不均衡

（1）故障码

P101201～P101203。

（2）故障码报码条件

单体电压压差≥300mV。

（3）排除方法

① 静置车辆 10min。

② 用诊断仪读取是否有 P101201～P101203 故障码。若是，则转第③步；否则排除其他故障。

③ 使用慢充方式把动力电池包充满，用诊断仪检测单体电压压差是否缩小。若是，则转第④步；否则请求整车厂技术支持。

④ 把动力电池包完全放电，然后充满电，检测放电过程中是否有单体电池电压异常。若是，则请求整车厂技术支持；否则转第⑤步。

⑤ 慢充完毕后，用诊断仪检测单体电压压差是否<150mV。若是，则转第⑥步；否则请求整车厂技术支持。

⑥ 重新起动车辆，清除故障码。

8. 行车放电过电流

（1）故障码

P105101～P105103。

（2）故障码报码条件

行车放电电流>车辆内部设定值的 1.1 倍。

（3）排除方法

① 静置车辆 10min。

② 用诊断仪读取是否有 P105101~P105103 故障码。若是，则转第③步；否则排除其他故障。

③ 故障码是否为 P105101 或 P105102。若是，则不做任何处理；否则转第④步。

④ 用诊断仪检测 BMS 的电流，看是否为 0A。若是，则转第⑤步；否则请求整车厂技术支持。

⑤ 重新起动车辆，清除故障码。

9. 行车能量回收过电流

（1）故障码

P105201~P105203。

（2）故障码报码条件

行车回馈电流>车辆内部设定值的 1.1 倍。

（3）排除方法

① 静置车辆 10min。

② 用诊断仪读取是否有 P105201~P105203 故障码。若是，则转第③步；否则排除其他故障。

③ 故障码是否为 P105101 或 P105102。若是，则不做任何处理；否则转第④步。

④ 用诊断仪检测 BMS 的电流，看是否为 0A。若是，则转第⑤步；否则请求整车厂技术支持。

⑤ 重新起动车辆，清除故障码。

10. 直流充电过电流

（1）故障码

P105300。

（2）故障码报码条件

充电电流>110A 或超出需求的 1.5 倍。

（3）排除方法

① 静置车辆 10min。

② 用诊断仪读取是否有 P105300 故障码。若是，则转第③步；否则排除其他故障。

③ 换一个充电桩进行充电，用诊断仪检测充电电流和充电桩显示的输出电流是否一致、是否可以正常快充。若是，则转第④步；否则请求整车厂技术支持。

④ 重新起动车辆，清除故障码。

11. 交流充电过电流

（1）故障码

P105400。

（2）故障码报码条件

电流超出 BMS 需求电流 2A。

（3）排除方法

① 静置车辆 10min。

②用诊断仪读取是否有P105400故障码。若是，则转第③步；否则排除其他故障。

③使用慢充方式对动力电池包进行充电，用诊断仪检测动力电池包是否可以正常充电。若是，则转第④步；否则请求整车厂技术支持。

④重新起动车辆，清除故障码。

12. 交流（AC）系统绝缘故障

（1）故障码

P106301~P106302。

（2）故障码报码条件

AC系统绝缘电阻≤400kΩ。

（3）排除方法

①静置车辆10min。

②用诊断仪读取是否有P106301或P106302故障码。若是，则转第③步；否则排除其他故障。

③驱动电机绝缘故障，请求整车厂技术支持，转第④步。

④重新起动车辆，清除故障码。

13. 直流（DC）系统绝缘故障

（1）故障码

P106201~P106202。

（2）故障码报码条件

DC系统绝缘电阻≤400kΩ。

（3）排除方法

①静置车辆10min。

②用诊断仪读取是否有P106201或P106202故障码。若是，则转第③步；否则排除其他故障。

③动力电池包和驱动电机之间的DC部件绝缘故障，请求整车厂技术支持，转第④步。

④重新起动车辆，清除故障码。

14. 电池包（PACK）系统绝缘故障

（1）故障码

P102400。

（2）故障码报码条件

总电压检测线路故障。

（3）排除方法

①静置车辆10min。

②用诊断仪读取是否有P102400故障码。若是，则请求整车厂技术支持，转第③步；否则排除其他故障。

③重新起动车辆，清除故障码。

三、高压电控故障诊断与排除

1. 主动短路不合理

（1）故障码
P1C0001。

（2）故障码报码条件
短路条件下定子电流小于 100A 或母线电压大于 435V。

（3）排除方法
① 冷车 10min。
② 重新起动车辆，检查故障码是否消除。若消除，则故障排除；否则更换电机控制器总成。

2. DC/DC 模块发送的 DDC100 接收超时

（1）故障码
U100100。

（2）故障码报码条件
DC/DC 模块发送的 DDC100 接收超时。

（3）排除方法
① 冷车 10min。
② 重新起动车辆，检查故障码是否消除。若消除，则故障排除；否则更换电机控制器总成。

3. CAN 总线脱离

（1）故障码
U007388。

（2）故障码报码条件
连续尝试恢复并检测到 CAN 总线脱离超过 4 次。

（3）排除方法
① 冷车 10min。
② 重新起动车辆，检查故障码是否消除。若消除，则故障排除；否则更换电机控制器总成。

4. DDC10 接收超时

（1）故障码
U100500。

（2）故障码报码条件
DC/DC 模块发送的 DDC10 帧接收超时。

（3）排除方法

① 冷车 10min。

② 重新起动车辆，检查故障码是否消除。若消除，则故障排除；否则更换电机控制器总成。

5. 检测 CANRAM 读写是否正常

（1）故障码

P060400。

（2）故障码报码条件

连续两次写入并读取 CANRAM，任意一次不正确。

（3）排除方法

① 冷车 10min。

② 重新起动车辆，检查故障码是否消除。若消除，则故障排除；否则更换电机控制器总成。

6. 正常输出时 70kDFW 时钟检测

（1）故障码

P1C0100。

（2）故障码报码条件

IGBT 驱动电压时钟频率不在 6.8~7.4μs 之间。

（3）排除方法

① 冷车 10min。

② 重新起动车辆，检查故障码是否消除。若消除，则故障排除；否则更换电机控制器总成。

7. 紧急输出时 25KDFW 时钟检测

（1）故障码

P1C0200。

（2）故障码报码条件

IGBT 驱动电压时钟频率不在 19~41μs 之间。

（3）排除方法

① 冷车 10min。

② 重新起动车辆，检查故障码是否消除。若消除，则故障排除；否则更换电机控制器总成。

8. Buck 模式下输入输出电流的合理性检查

（1）故障码

P110300。

（2）故障码报码条件

低压端电压实际值大于目标值时，低压端电流或高压端电流在阈值范围以外；低压端电压实际值小于或等于目标值时，高压端电流值超过阈值或低压端电流值小于负阈值。

(3）排除方法

① 冷车 10min。

② 重新起动车辆，检查故障码是否消除。若消除，则故障排除；否则更换电机控制器总成。

9. 高压配电盒常见故障及排查方法

高压配电盒常见故障及排查方法见表 8-2。

表 8-2　高压配电盒常见故障及排查方法

故障现象	故障原因	排查方法
电加热器无法工作	熔丝熔断	1）断开动力电池包侧高压接插件和电加热器高压接插件 2）用万用表进行导通测试 3）如果导通，则继续测量电阻值；如果电阻值在毫欧级别则证明熔丝无问题 4）如果不导通或测试电阻较大，则可认为熔丝已熔断
电动压缩机无法工作	熔丝熔断	1）断开动力电池包侧高压接插件和电动压缩机高压接插件 2）用万用表进行导通测试 3）如果导通，则继续测量电阻值；如果电阻值在毫欧级别则证明熔丝无问题 4）如果不导通或测试电阻较大，则可认为熔丝已熔断
无法进行慢充充电	熔丝熔断	1）断开动力电池包侧高压接插件和车载充电机侧高压接插件 2）用万用表进行导通测试 3）如果导通，则继续测量电阻值；如果电阻值在毫欧级别则证明熔丝无问题 4）如果不导通或测试电阻较大，则可认为熔丝已熔断
无法进行快充充电	继电器工作状态异常	1）断开快充口插接器，检测快充两侧有无电压 2）如果没有，则认为接触器已经断开；如果有，则说明接触器已经粘连，需更换高压配电盒 3）如果没有电压，则强制闭合快充接触器，用万用表检测快充口两端的电压；如果电压值与动力电池包侧电压基本一致，则认为无问题，可排除是配电盒的问题

四、充电系统故障诊断与排除

1. CAN 总线关闭

（1）故障码

U007300。

（2）排除方法

① 静置车辆，停止对车辆充电。

② 用诊断仪读取车载充电机是否有故障码。若是，则转第③步；否则排除其他故障码。

③ 检查 CAN 总线是否短路或受到干扰。若是，则排除短路或干扰，转第④步；否则转第④步。

④ 清除故障码，重新起动车辆并检测，查看故障是否消除。若是，则故障排除，系统正常；否则更换车载充电机。

2. 与电池管理系统通信丢失

（1）故障码

U017187。

（2）排除方法

① 静置车辆，停止对车辆充电。

② 用诊断仪读取车载充电机是否有故障码。若是，则转第③步；否则排除其他故障码。

③ 用诊断仪查看车载充电机与电池管理系统通信是否丢失。若是，则转第④步；否则转第⑤步。

④ 检查 CAN 总线连接是否松动、电池管理系统发送的数据是否错误。若是，则排除故障，转第⑤步；否则转第⑤步。

⑤ 清除故障码，重新起动车辆并检测，查看故障是否消除。若是，则故障排除，系统正常；否则更换车载充电机。

3. ECU 供电电压超过下限

（1）故障码

U100016。

（2）故障码报码条件

ECU 供电电压低于 9V。

（3）排除方法

① 静置车辆，停止对车辆充电。

② 用诊断仪读取车载充电机是否有故障码。若是，则转第③步；否则排除其他故障码。

③ 检查蓄电池电压是否低于 9V、检测低压接插件是否松动。若是，则给蓄电池充电，使其电压大于 9V，转第④步；否则转第④步。

④ 清除故障码，重新起动车辆并检测，查看故障是否消除。若是则故障排除系统正常；否则更换车载充电机。

4. ECU 供电电压超过上限

（1）故障码

U100017。

（2）故障码报码条件

ECU 供电电压高于 16V。

（3）排除方法

① 静置车辆，停止对车辆充电。

② 用诊断仪读取车载充电机是否有故障码。若是，则转第③步；否则排除其他故障码。

③ 检查蓄电池是否电压大于16V。若是，则使蓄电池电压低于16V，转第④步；否则转第④步。

④ 清除故障码，重新起动车辆并检测，查看故障是否消除。若是，则故障排除系统正常；否则更换车载充电机。

5. 内部母线电压过高

（1）故障码

P100001。

（2）故障码报码条件

车载充电机内部母线电压过高，内部母线电压大于475V。

（3）排除方法

① 静置车辆，停止对车辆充电。

② 用诊断仪读取车载充电机是否有故障码。若是，则转第③步；否则排除其他故障码。

③ 检查交流输入电压是否大于475V。若是，则使用小于475V交流电输入，转第④步；否则转第④步。

④ 清除故障码，重新起动车辆并检测，查看故障是否消除。若是，则故障排除；否则更换车载充电机。

6. 内部母线电压过低

（1）故障码

P100002。

（2）故障码报码条件

内部母线电压低于90V。

（3）排除方法

① 静置车辆，停止对车辆充电。

② 用诊断仪读取车载充电机是否有故障码。若是，则转第③步；否则排除其他故障码。

③ 检查交流输入电压是否小于90V。若是，则使用大于90V的交流电输入，转第④步；否则转第④步。

④ 清除故障码，重新起动车辆并检测，查看故障是否消除。若是，则故障排除；否则更换车载充电机。

7. 交流电感电流过高

（1）故障码

P100004。

（2）故障码报码条件

交流电感电流过高，单功率因数校正（PFC）电感电流大于15A。

（3）排除方法

① 静置车辆，停止对车辆充电。

② 用诊断仪读取车载充电机是否有故障码。若是，则转第③步；否则排除其他故障码。

③ 排查电网质量是否较差。若是，则使用质量好的电网，转第④步；否则转第④步。

④ 清除故障码，重新起动车辆并检测，查看故障是否消除。若是，则故障排除；否则更换车载充电机。

8. 车载充电机内部预充电完成后预充电继电器状态不正确

（1）故障码

P100005。

（2）故障码报码条件

车载充电机内部预充电完成后预充电继电器状态不正确。

（3）排除方法

① 静置车辆，停止对车辆充电。

② 用诊断仪读取车载充电机是否有故障码。若是，则转第③步；否则排除其他故障码。

③ 清除故障码，重新起动车辆并检测，查看故障是否消除。若是，则故障排除，系统正常；否则更换车载充电机。

9. 车载充电机效率低于有效范围

（1）故障码

P100100。

（2）故障码报码条件

车载充电机输入功率大于1000W时，计算效率小于80%。

（3）排除方法

① 静置车辆，停止对车辆充电。

② 用诊断仪读取车载充电机是否有故障码。若是，则转第③步；否则排除其他故障码。

③ 清除故障码，重新起动车辆并检测，查看故障是否消除。若是，则故障排除，系统正常；否则更换车载充电机。

10. 车载充电机两路直流高压检测偏差过大

（1）故障码

U210001。

（2）排除方法

① 静置车辆，停止对车辆充电。

② 用诊断仪读取车载充电机是否有故障码。若是，则转第③步；否则排除其他故障码。

③ 清除故障码，重新起动车辆并检测，查看故障是否消除。若是，则故障排除，系统正常；否则更换车载充电机。

参 考 文 献

[1] 李昌凤. 汽车故障诊断思路与快修实例 [M]. 北京：机械工业出版社，2019.
[2] 王军，李伟. 电动汽车常见故障诊断与排除 [M]. 北京：机械工业出版社，2021.
[3] 胡欢贵. 纯电动插电混动油电混动汽车维修资料大全 [M]. 北京：机械工业出版社，2019.
[4] 凌凯汽车技术编写组. 汽车维修从入门到精通 [M]. 北京：机械工业出版社，2018.